张惠熙　著

地方高校美育特色课程建设研究

DIFANG GAOXIAO MEIYU TESE
KECHENG JIANSHE YANJIU

兰州大学出版社
LANZHOU UNIVERSITY PRESS

图书在版编目（CIP）数据

地方高校美育特色课程建设研究 / 张惠熙著.
兰州 : 兰州大学出版社, 2025. 5. -- ISBN 978-7-311
-06826-4

Ⅰ. G40-014

中国国家版本馆 CIP 数据核字第 2025YE8313 号

责任编辑　王曦莹
封面设计　雷们起

书　　名	地方高校美育特色课程建设研究
作　　者	张惠熙　著
出版发行	兰州大学出版社　（地址:兰州市天水南路222号　730000）
电　　话	0931-8912613(总编办公室)　0931-8617156(营销中心)
网　　址	http://press.lzu.edu.cn
电子信箱	press@lzu.edu.cn
印　　刷	西安日报社印务中心
开　　本	710 mm×1020 mm　1/16
成品尺寸	170 mm×240 mm
印　　张	11.5
字　　数	187千
版　　次	2025年5月第1版
印　　次	2025年5月第1次印刷
书　　号	ISBN 978-7-311-06826-4
定　　价	65.00元

（图书若有破损、缺页、掉页,可随时与本社联系）

前　言

　　近年来，美育的重要性日益受到重视。美育不仅是提高学生审美素养的重要途径，更是全面提升人才培养质量的关键因素之一。美育能够激发学生的创新思维和实践能力，促进他们在多元文化环境中的全面发展。通过美育，学生能够更好地理解和欣赏艺术，从而提高综合素质，成为具有创新能力和人文素养的人才。在当今世界，美育被视为教育体系中不可或缺的一部分，其价值不仅体现在培养艺术家和创作者方面，还体现在学生的综合发展和全面素质提升方面。新时代地方高校的美育特色课程建设，是为了满足不同地域和文化背景下学生的多样化需求，同时也是为了弘扬本土文化、传承传统技艺、培养创新精神和推动社会进步所做的重要探索。美育特色课程建设旨在为学生提供更多元化的视野和文化体验，以培养学生的审美情感、文化素养和创造力。

　　为了贯彻《教育部关于切实加强新时代高等学校美育工作的意见》精神，教育部明确提出要将美育提升为高等教育改革的重要任务。这一政策背景促使各大高校不断探索和创新美育课程，以满足新时代对高素质人才的需求。要实现这一目标，课程的设计必须因地制宜，充分考虑地域特点、学校特色和少数民族文化的需求。只有这样，高校才能培养出全面发展的学生，他们不仅具备专业知识，还具备丰富的民族文化内涵。美育特色课程的推广与发展，将有助于推动教育领域的创新，为社会的进步和发展作出积极贡献。目前，地方高校在美育特色课程建设中仍面临诸多挑战：课程体系尚不完善，缺乏系统性和整体性；师资力量相对薄弱，专业美育教师数量不足，影响了课程的教学质量；课程内容较为单一，难以激发学生的学习兴趣和积极性。因此，地方高校美育特色课程急需在课程设计、教学模式和评价机制等方面进行深入的研究和改革。

美育的核心是艺术教育，它是一种思维方式，也是一种审美情感的表达，更是一种文化的传承。地方高校美育特色课程的开发不仅有助于学术界更好地理解美育的本质，还能为实际教育工作提供有益的指导和经验。本书将深入研究地方高校在美育领域的探索和创新，以探讨如何更好地挖掘和发展地方美育资源，为学生提供更具深度和广度的美育教育实践。本书的研究目标是探索地方高校美育特色课程建设的路径和方法，以期为高校美育课程的创新发展提供理论支持和实践指导。本书基于对当前地方高校美育特色课程现状的深入调研，提出了一系列改进策略，并设计了具有创新性的课程模型。本书的研究理念是通过美育课程的创新，提升学生的综合素质和实践能力，从而为地方高校的教育教学改革提供新的思路。

美育是一个充满活力和潜力的领域，我们期待通过本书的研究和探索，共同推动地方高校美育特色课程的建设，为学生的未来和社会的发展贡献更多的智慧和力量。

目　录

绪　论

第一节　美育赋能的概念与内涵

2023年12月20日，教育部发布的《教育部关于全面实施学校美育浸润行动的通知》，强调以习近平新时代中国特色社会主义思想为指导，全面贯彻党的教育方针，落实立德树人的根本任务，推动素质教育的发展；以社会主义核心价值观为引领，弘扬中华美育精神，增强文化自信。因此，美育工作的目标是通过全面浸润，将美育融入教育教学的各个环节，以潜移默化的方式彰显育人效果，培养德、智、体、美、劳全面发展的社会主义建设者和接班人。

通过美育浸润，学生将在文化理解、审美感知、艺术表现和创意实践等核心素养上得到全面提升，丰富他们的精神文化生活，使学生的身心更愉悦、活力更显著、人格更健全。美育也将浸润教师，提高教师的美育意识和素养，增强教师的职业美育功能，塑造教师的人格魅力，涵养教师的美育情怀。对于学校而言，美育浸润将促进校园文化建设，打造积极向上、文明高雅、充满活力的校园环境，使美育融入学校的每一个角落。

预计到2027年，我国学校美育课程的教育教学质量将全面提升，常态化的学生全员艺术展演展示机制将基本建立，跨学科的优质美育资源体系将初步成型。面向师范类专业学生的美育课程将实现全覆盖，艺术学科骨干教师的培训将全面开展，建设一批学校美育名师工作室，培育一批国家级示范性学生艺术团，涌现出一批具有鲜明美育特色的示范区和示范校。

再经过三到五年的努力，优质均衡的美育将更加普及，学生的审美和人文素养将普遍提高，教师的美育素养显著提升，学校的美育氛围更为浓厚，工作体制机制更加健全，成效明显增强。通过持续的努力，将形成全覆盖、多样化、高质量的具有中国特色的现代化学校美育体系。

一、美育赋能的概念

美育赋能的概念和内涵随着时代的发展而有所创新。美育在新时代日益受到重视，2020年，中共中央办公厅、国务院办公厅印发了《关于全面加强和改进新时代学校美育工作的意见》（以下简称《意见》），对加强和改进新时代学校美育工作进行了总体部署，进一步提升了美育在学校教育中的基础性地位。

美育赋能的概念包括以下四点。

（一）美育赋能文化传承与创新性发展

美育的核心是艺术教育，美育不仅有助于传承和保护传统文化，还能够激发新的艺术风格和创新思维。它为文化的发展提供了新的动力和方向，使文化更加丰富多彩、更具时代性。美育不仅是过去的镜子，还是未来的探索，将文化传承和创新相结合，为社会进步注入了不竭的能量。

艺术作品像一面镜子，反映出国家的文化品位和文化自信。美育不仅是一种教育方式，更是文化传承和文化自信的体现。它点亮了国家文化的自信之光，为一个国家赋予永恒的魅力。通过美育，人们能够更深刻地理解自己的文化，品味和欣赏传统与现代艺术，感受到文化的魅力。这种文化自信不仅表现在艺术领域，还延伸到国家的其他领域，如科技、经济和政治。一个自信的国家能够更好地面对挑战，发展壮大。美育激发了人们的创造力和创新能力。通过学习艺术和美学，人们不仅能够培养自己的创造力，还能够在各个领域中找到新的解决问题的方式。这种创造力和创新能力为国家的发展和进步提供了强大的动力，使国家在国际舞台上更具竞争力。

因此，美育激发了人们的创造力和创新能力，培养了审美情感和文化修养，传承和保护了国家的文化遗产。

（二）美育赋能拓宽学科边界与培养全面思维

美育，即美学教育，旨在通过艺术的方式培养学生对美的感知、欣赏和创造能力，在当今教育体系中扮演着日益重要的角色。它不仅是艺术教育的核心部分，更是拓宽学科边界和培养学生全面思维能力的重要途径。

美育在拓宽学科边界上起着关键作用。在传统的教育模式中，学科之间往往存在明显的界限。然而，美育通过艺术的方式将这些学科连接起来。例如，在美术课上，学生可以通过绘画来表现历史事件，理解其文化背景；在音乐课上，学生可以通过学习不同地域的音乐风格来体会地理和文化的差异。这种跨学科的融合不仅丰富了学生的学习内容，也鼓励他们从不同的视角看待同一问题，打破了学科之间的壁垒。

美育在培养全面思维方面的作用也不容忽视。全面思维不仅包括逻辑思维和分析能力，还涉及创造性思维和批判性思维。在美育过程中，学生被鼓励通过艺术创作来表达自己的想法和情感。这种创作过程要求学生进行大量的思考和尝试，促进他们的创新能力。此外，通过对艺术作品的欣赏和分析，学生学会从不同的角度解读和评价作品，提升了他们的批判性思维能力。

通过欣赏艺术作品，学生能够更深刻地理解和体验各种情感，从而培养同情心和共情力。这不仅有助于改善个体的人际关系，还有助于增进社会的和谐与稳定。此外，美育也能够培养学生的审美情感，提高对美的敏感度，让他们更加热爱生活，享受美好生活。

美育不仅培养了全面思维，还拓宽了学科边界，提升了情感共鸣能力，促进了文化传承和创新。它不仅是教育体系的一部分，更是人类精神和文化的瑰宝。美育是这一遗产的守护者，也是创造未来的引领者。

（三）美育赋能激发学生想象力与创造性思维

艺术和教育，本是两颗星辰在天空中轨迹交错，然而它们的相互影响却如双子座一般紧密。美育是这两者交汇的璀璨星座，它在教育领域中扮演着不可或缺的角色。美育激发学生创造性思维的火花，不仅在艺术领域中绽放，更在各个学科中蔓延。

美育激发了学生的想象力。在美育的引导下，学生学会了超越常规思维，勇于探索未知的领域。艺术作品、音乐作曲、文学创作等都需要学生发挥自己的想象力，创造出独特的作品。这种锻炼不仅在艺术领域中有所体现，也能够在其他学科中产生积极影响，促使学生提出新颖的问题和观点。

美育在塑造创造性思维方面发挥了不可替代的作用。美育通过绘画、音乐、戏剧等各种形式，鼓励学生表达自己的观点和情感。这种表达过程培养了学生的创造性思维，使他们能够用独特的方式看待问题，寻找创新的解决方案。

美育激发了学生创造性思维的火花。它培养了学生的创造性思维、想象力，不仅在艺术领域中有所体现，更在其他学科中产生积极的影响。美育不仅是培养艺术家的摇篮，更是培养未来创新者的摇篮。美育的火花将继续照亮学生的前进之路，为未来的创新和进步注入无穷的力量。

（四）美育赋能民族精神与技艺传承

美育不仅可以传承祖国的文化遗产，更是培养大国工匠的摇篮。美育精神的充分体现，是新时代教育工作者的责任和使命。美育培养了学生的民族精神，它不仅仅是传授技术和技能，更是传递一种精神，一种对美的热爱和执着。美育能够让学生深入了解历史和文化，体验到美育的重要性。艺术是洗涤灵魂的源泉，它赋予我们改变世界的力量。民族精神不仅让学生感受到艺术的魅力，还激发了他们投身美育工作的渴望。通过系统地学习和实践，学生能够掌握不同的理论，了解不同材料的性质和特点，培养细致入微的观察力和耐心。这些技能不仅有助于保护文化遗产，还为学生的职业发展奠定了坚实的基础。美育强调文化传承和创新，学生通过学习能够深入了解历史文化，同时也有机会提出新的思考方法和理念。文化是我们最宝贵的遗产之一，我们必须珍惜和传承。美育让学生成为文化传承的守护者，同时也为文化的发展提供了新的动力。

民族精神的培养不仅有助于学生投身国家美育工作，成为大国工匠，更有助于保护和传承文化遗产。它培养了学生的美育意识、专业技能、团队合作能力和文化传承精神。这些素质将使学生在美育领域作出卓越的贡献，为伟大祖国的文化繁荣和发展贡献自己的力量。艺术是一种无形的力量，它能够改变世界，通过培养民族精神，使美育之魂熠熠生辉，为国家的文化传承和文艺创新添砖加瓦。

二、美育的内涵与观念的演变

（一）美育的内涵

美育就其内涵来说也称为审美教育。它是指用美的事物对受教育者进行教育，使其身心育而美之，成为全面发展的人的教育。具体来说，美育是指在美学基础理论的指导下，通过自然审美、社会审美、艺术审美等审美实践活动，使人们树立正确的审美观念，培养健康的审美情趣，从而提高其感受美、鉴赏美、创造美的能力；陶冶情操，提升精神境界，完善人格，从而培育和谐发展的人。因此，我们平常所说的美育主要是指审美教育。

美育的内涵是极为广泛的，归纳起来主要有以下三个方面。

1. 情感教育

美是和情感体验联系在一起的，美不美就在于能不能唤起人们的情感体验。我们见了美的东西总是向往、迷恋、一往情深。感情虽然不会给我们带来实际的物质利益，但它却点燃了人的生命火花，把人推向高尚的境界。无情往往与无意相联系。无情之人不可能有义，当然也不能有高尚的思想品质。审美教育就是通过对于美的热爱，来培养人们高尚的情趣，使人们不仅懂得美而且喜爱美。人们在对于美的热爱、追求、向往过程中，又陶冶和锻炼了人的感情。

2. 道德教育

道德教育是以培养个体道德品质为核心的系统化教育活动，其目标在于通过伦理规范的内化与行为习惯的养成，塑造具有社会责任感、高尚道德情操的公民。从内容上看，道德教育涵盖私德、公德与职业道德三个维度：私德教育聚焦私人生活中的尊重、诚实与家庭伦理；公德教育强调社会责任，如遵守公共秩序、维护民族团结；职业道德则注重职业操守的培育，如廉洁奉公与团队协作。在层次上，道德教育分为理想、原则与规则三个递进阶段——道德理想以倡议形式激励高尚行为，道德原则通过指令指导日常实践，道德规则则以禁令约束不良行为，形成从崇高追求到底线约束的完整体系。在中国特色社会主义语境下，道德教育尤其强调马克思主义世界观的指导，通过社会主义与共产主义道德的双重渗透，将集体主义、为人民服务等核心价值观转化为社会普遍遵循的行为准则。其方法注重知行合一，既通过认知教育提升道德判断力，也借助情感陶冶与实践锻炼培养道德敏感性，最终实现个体道德行为与集体文明风尚的协同发展。

3. 美学教育

美学教育是以审美体验为桥梁的综合性人文教育，旨在通过美的感知、鉴赏与创造，唤醒个体的审美意识，塑造健全人格与创新思维。其内涵超越单纯艺术技能传授，涵盖自然美、社会美与艺术美的多维探索，例如通过艺术史论课程深化文化理解，借助跨学科实践融合科技与人文，培养对美的理性认知与感性表达能力。美学教育强调"以美启真、以美储善"的功能：一方面，审美活动通过情感共鸣激发道德认同，如音乐作品中隐含的家国情怀可自然导向社会责任感的形成；另一方面，艺术创作的自由特性为批判性思维与个性发展提供空间，使学生在解构与重构美的过程中形成独立的价值判断。当代美学教育更注重与数字技术的融合，虚拟现实、人工智能等工具被用于创新审美表达，同时强调传统美育资源的现代转化，如将红色文化融入美术实践以厚植文化自信。其终极目标在于通过美育与德育的相融共生，培养既能欣赏人类文明瑰宝，又能以审美智慧应对复杂现实问题的全面发展人才。

（二）美育观念的演变

1.西方美育观念的演变

（1）古典时期：美育的萌芽

在古希腊，柏拉图和亚里士多德等哲学家将美和教育联系起来。柏拉图在《理想国》中提到，通过音乐和艺术可以陶冶情操，培养人的理性和德性。亚里士多德也认为，艺术教育有助于培养人的美德和情感表达能力。这一时期，美育的观念主要集中在通过艺术培养人类高尚品格。

（2）文艺复兴与启蒙运动：美育的初步发展

文艺复兴时期，随着对古典文化的重新发现，美育观念得到了进一步发展。艺术被视为通向真理和美德的途径，教育家们开始重视通过艺术来启发和教育青年。

启蒙运动时期，康德和席勒等思想家提出了美育理论。康德在《判断力批判》中指出，美感判断能够培养人们的自由精神和道德判断力。席勒在《审美教育书简》中提到，美育可以调和感性与理性，促进人的全面发展。这一时期，美育观念从道德教育扩展到更广泛的个体发展。

（3）19世纪至20世纪初：美育的理论化和制度化

19世纪，随着工业化和城市化进程的加快，社会对美育的需求日益增大。美育逐渐成为教育体系的一部分，许多国家开始将美育纳入学校课程。

赫尔巴特和杜威等教育家对美育的理论基础进行了系统化的阐述，强调美育在素质教育中的作用。

20世纪初，在苏联的马克思主义教育理论中，美育被视为培养社会主义新人必不可少的环节之一。美育在政治、社会和文化建设中扮演了重要角色。

（4）20世纪中叶至今：美育的多元化与全球化

20世纪中叶以后，随着全球化进程的加快，美育观念呈现出多元化的发展趋势。不同文化背景下，美育的内涵和形式各异，但其核心目标是通过艺术和美的体验，促进个体的全面发展和社会和谐。

在中国，美育被视为培养社会主义核心价值观的重要手段。近年来，国家出台了一系列政策，强调美育在素质教育中的重要性，将其提升为教育改革的重要任务之一。

在西方国家，美育也在不断发展，强调通过艺术教育促进创新思维、跨文化理解和培养社会责任感。美育被视为培养"全球公民"的重要途径。

2.中国古代美育的实践与发展

中国古代虽未明确提出"美育"这一概念，但美育的实践在教育活动中早已存在。美育的核心在于通过艺术教育培养人的审美能力，而古代中国的艺术教育主要以"礼""乐"为核心，强调道德与美的统一。

（1）礼乐教育

礼乐教育是中国古代教育体系的重要组成部分。礼，是指行为规范和道德教育；乐，则是指音乐和舞蹈等艺术方面的教育。在这种教育中，音乐、舞蹈和诗歌等艺术形式被用来培养人的情感、品德和审美能力。通过礼乐教育，学生能够学习如何规范自身行为，同时提升审美修养和艺术素养。

（2）诗歌教育

诗歌在中国古代被视为艺术教育的重要途径之一。古人通过吟诵和创作诗歌来陶冶情操、表达情感。儒家经典《诗经》中收录了许多诗歌，它们不仅是文学作品，更是古代美育的重要教材。通过诗歌教育，能够培养学生的语言表达能力和审美感知力。

（3）书画教育

书法和绘画也是古代艺术教育的重要内容。书法不仅是一种文字的书写方式，更是一种艺术形式。通过书法练习，学生能够锻炼心性，培养耐心和专注力。绘画则帮助学生观察自然，表现内心世界，提升审美和创造能力。

3.中国近代美育的引入与发展

近代以来，随着西方教育思想的传入，中国的美育理念逐渐得到系统化发展，王国维和蔡元培等学者为中国美育的发展作出了重要贡献。

（1）王国维的美育理念

王国维在其论文《论教育之宗旨》中首次引入了"美育"这一概念，强调美育在教育中的重要性。他认为，美育不仅是教育的重要组成部分，还能通过培养人的审美能力，提高人的整体文化素养。

（2）蔡元培的"以美育代宗教"主张

蔡元培提出"以美育代宗教"的主张，认为美育能够代替宗教来陶冶人们的情操，提升人们的道德水平。他主张在学校教育中加强艺术教育，通过音乐、美术等课程培养学生的审美意识和创造能力。

第二节　地方高校美育特色课程建设的现状与意义

一、地方高校美育特色课程建设的现状

加强地方高校美育特色课程建设是中国高等教育领域实施的一个重要举措，旨在提升学生的综合素质，培养更具创造力和文化修养的人才。这一举措的背景涉及多个方面。

社会文化需求。中国正处于文化建设的关键时期，推动中国特色社会主义事业取得更大发展需要具备文化素养的人才。社会对于高校毕业生的期望不仅仅局限于专业技能，还包括综合素质和文化修养的需求。地方高校美育特色课程建设是响应社会文化需求的重要途径，也是高校自身发展的需求。地方高校在提升自身办学水平、吸引更多优秀学生、提高竞争力方面都面临着压力。通过构建美育特色课程，高校可以吸引更多学生，提高自身的声誉并扩大影响力。

美育特色课程也有助于促进学科交叉和跨学科合作，推动高校综合发

展，以及满足教育改革和创新的需求。中国高等教育一直在不断改革和创新，追求更适应时代发展需要的教育模式。美育特色课程建设研究是教育改革的一部分，旨在拓宽教育内容，提供更多元化的教育资源，培养更具创新力和综合素质的学生。

国际竞争的压力也是地方高校美育特色课程建设的背景之一。国际化教育已成为中国高校的一个重要趋势，培养具备跨文化交流能力和国际视野的学生是中国高校的一个重要任务。美育特色课程可以为学生提供更多接触国际文化的机会，增强他们的国际竞争力。

地方政府政策的支持是地方高校美育特色课程建设的关键。地方政府通过出台政策和提供资金支持，鼓励地方高校开展美育特色课程建设。地方政府的支持为高校提供了良好的政策环境和资源保障。

总之，地方高校美育特色课程建设的背景涵盖了社会文化需求、高校自身发展需求、教育改革和创新需求、国际竞争压力以及地方政府政策支持等多个方面。这一举措有助于提升高校教育质量，培养更具综合素质和文化修养的人才，推动中国高等教育发展。

地方高校以"全人教育"为核心教育理念，旨在培养学生全面素养。除了专业领域的学习，学校还注重拓宽学生的文化视野，通过引入文学、历史、哲学等多领域知识，使学生在学习本专业的同时获得更广泛的文化知识，这有助于他们更好地理解历史、文化背景和社会价值，培养学生成为有思想、有情感的文化传播者。此外，学校强调传统文化传承与创新的融合，鼓励学生在尊重传统的基础上，寻找创新的表达方式，以传统文化为灵感，注入新的创造力，为艺术领域注入新的活力。最重要的是，学校可以将美育视为服务社会发展的途径，鼓励学生积极参与社区文化活动，通过自己的专业和创作为社区提供丰富的文化体验，为地方社会的文化丰富性和多样性贡献力量，促进社会文化创新和发展，充分体现了学校美育教学对社会贡献价值的认可。

第一，地方高校凭借深厚的美育历史底蕴与创新实践，推动美育事业发展。

华北水利水电大学作为一所以工程学科为主的地方高校，拥有着丰富的美育历史与传统。虽然学校的核心学科是水利和电力工程，但在其教育体系中，美育始终占据着重要位置。华北水利水电大学遵循"以美育人、以文化人"的总原则，注重培养学生的全面素质和传统文化传承，同时融合创新元素，旨在引领学生发展成具有独特创造力的文化传播者。在这个过程中，华北水利水电大学采取了一系列关键举措，如优化公共艺术课程、建立立体化课程体系、推动多维度融合课程等，以丰富学生的学习机会，培养学生的跨学科能力和综合思维，取得了显著成果，获得了多项荣誉。

华北水利水电大学不仅注重教育实践，还积极进行学术研究和知识传播。学校的美育教师发表了高水平的论文，编写了相关的教材，为美育领域的学术研究和教育工作作出了重要贡献。同时，学校还拥有丰富的艺术资源，包括音乐乐器、美术材料、舞蹈舞台等，为学生的学术和创作提供了良好的条件，促进了他们艺术技能的提高和审美情感的培养。

华北水利水电大学在美育领域的深厚历史与持续发展为地方高校美育特色课程建设提供了坚实的基础。学校在美育和研究领域的努力和成就产生了深远的影响，为地方高校美育事业的发展作出了积极的贡献。

核心原则与举措：

·以美育人、以文化人为总原则。

·优化公共艺术课程，建立立体化课程体系，推动多维度课程融合。

成果与荣誉：

·获得多项荣誉，包括省级本科教学工程、国家级在线开放课程"中华水文化"等。

·美育改革案例获得全国大艺展一等奖，受到省教育厅领导的亲自视察指导。

学术研究与知识传播：

·教师发表高水平论文，编写相关教材，为美育领域的学术研究和教育工作作出重要贡献。

第二，地方高校以"全人教育"为核心教育理念，培养学生的全面素养。

东北大学美育教学团队在发挥地域特色优势方面可谓引人注目。以木偶戏为艺术载体，他们开展了系列美育课程，致力于保护和传承非物质文化遗产，努力实现以美育人的目的。从课程建设到学术研究、社团组织、工作坊活动以及展示交流等环节，他们构建起了完整的美育教学体系。学校通过与国家级非物质文化遗产代表性传承人的合作，建立了大师研习所，并联合授课，共同组织课程实施。同时，依托艺术学院、音乐表演艺术学理论专业和艺术文化遗产保护中心，建立了木偶戏教学基地，通过引入数字化设备，提高制作效率，降低制作成本，为学生提供了优质的实践环境。这一系列举措不仅提高了学生的艺术创作能力，也推动了木偶戏艺术在校园内外的传播。此外，东北大学木偶戏基地还获得了教育部的认定，并参与了多项国家级艺术基金项目，展现了其在文化传承与创新方面的突出成就。

东北大学美育教学团队的努力不仅有力地弘扬了中华优秀传统文化，也为地方高校美育特色课程建设提供了有益的借鉴和示范。他们的成就不仅是对美育事业的贡献，更是对社会文化传承与创新的推动。

核心教育理念与特点：
·以"全人教育"培养为核心教育理念，注重培养学生的全面素养。
·引入多领域知识，拓展学生的文化视野，培养学生成为有思想、有情感的文化传播者。

美育特色课程的特点：
·鼓励跨学科学习，注重实践导向，强调地方文化传承，积极鼓励社会参与。

美育团队成果：
·以木偶戏为载体，开展系列美育课程，保护和传承非物质文化遗产。
·建立了完整的美育教学体系，获得教育部的认定，并参与了多项国家级艺术基金项目。

第三，打造全面教育体系，建立美育实践基地，开展传统文化教学。

江西理工大学美育实践基地的建设体现了学校在推动全面素质教育方面的积极探索。通过打造一个集"德智体美劳"于一体的教育体系，学校不仅响应了国家对教育的方针政策，也致力于塑造学生正确的世界观、人生观和价值观。

江西理工大学美育实践基地的建设体现了学校在教育领域的积极追求，旨在打造德智体美劳全面培养的教育体系。这一举措不仅是对习近平总书记关于教育的重要论述和全国教育大会精神的贯彻，更是培养青少年学生高尚品德以及正确世界观、人生观和价值观。学校通过与章贡区妇联和赣州市第十一中学签署合作协议，建立了美育实践基地，重点围绕中国传统文化的核心价值观开展系列教学活动。这不仅使学生能够体验和学习传统文化，感受其源远流长的历史底蕴和博大精深的文化内涵，还培养了他们的民族精神和爱国情感，增强了民族自豪感，促进了学生的全面发展，使他们成为祖国的合格建设者和接班人。

此外，学校还整合了校内具有特长的美育教师，并选拔了优秀有才艺的学生加入师资队伍，为学生提供了艺术实践和展示才华的机会。通过开设多门课程，如中国传统礼仪、中国戏曲表演与鉴赏等，学校积极激发学生学习传统文化的兴趣，同时也强化了学生对传统文化的理解。这些举措不仅培养了学生的各项技能，还有助于他们树立正确的世界观、人生观和价值观，推动传统文化的传承和创新。

江西理工大学的美育实践基地建设为学生提供了全方位的教育资源，有助于他们在知识、技能和情感等多个方面全面发展。这一实践不仅为学校的美育工作提供了有力的支撑，也为培养更多的文化传承者和具备全面素养的新一代建设者奠定了坚实基础。

教育理念与实践：

·打造德智体美劳全面培养的教育体系，积极贯彻习近平总书记关于教育的重要论述。建立美育实践基地，重点开展中华优秀传统文化的系列教学活动。

教师与学生参与：

·整合校内美育教师，选拔优秀有才艺的学生加入师资队伍，为其提供艺术实践和展示才华的机会。

二、地方高校美育特色课程建设的意义

美育不同于一般教育，它有自己的特点。美育在形式上是自由的、生动活泼的，能寓教于乐，最容易启迪人们的心灵和引起精神上的升华。所以美育只有根据它的特点进行，才能收到提高人的审美素养的效果。

（一）启蒙之旅：美育特色课程的多彩世界

在这个纷繁复杂的世界中，美育特色课程反映出了我们多彩的世界，

展示了文化的瑰宝，为我们打开了思维的大门。这些课程不仅仅是知识的传授，更是一场奇妙的冒险、一次心灵的启迪、一次文化的穿越之旅。它们汇聚了多元的艺术形式、丰富的文化内涵，为学生提供了独特的学习经验，让他们在多元文化的海洋中航行。

多元性是这些特色课程的一大特点。在美育特色课程中，学生可以接触到各种各样的艺术形式，包括绘画、音乐、舞蹈、戏剧等。这不仅为他们提供了广泛的选择，也促使他们更好地了解自己的兴趣和潜能。通过多元的艺术体验，学生能够培养创造力、想象力和表达能力，这些都是他们未来生活和职业中至关重要的品质。

与此同时，美育特色课程也为学生提供了深入了解不同文化的机会。在跨国界的艺术作品中，我们可以看到不同文化之间的交流和融合，这让我们更好地理解了世界的多样性。通过学习不同文化的艺术表达方式，我们能够超越语言和国界的限制，找到共鸣，建立起文化的纽带。这不仅有助于培养国际视野，还能够促进文化的多元发展。

总之，美育特色课程是一扇通向多彩世界的大门，它们不仅培养了学生的艺术修养，更启发了他们的创造力。通过多元的艺术体验和深入的文化探索，学生能够更好地理解世界，欣赏文化的多样性，同时也为文化瑰宝的绽放贡献自己的力量。

（二）传承之灯：美育特色课程的文化守护

非遗，作为历史的记载和智慧的传承，承载着世代的积淀和人民的创造。然而，时间的流逝和现代化的冲击使得这些宝贵的传统文化逐渐暗淡，面临着被遗忘的危险。美育特色课程作为一种教育方式，提供了重要的支持和平台，通过艺术的力量将非遗文化重新点燃，让其在当今社会中继续发光发热。

在美育特色课程的框架下，学生通过亲身的体验和实践，了解非遗文化的深刻内涵。他们在学习非遗技艺的过程中，不仅仅是技能的传承，更是精神的传承。这种传承并非一蹴而就，而是需要时间、耐心和执着来完成。正是这股热情的力量，让学生成了非遗的守护者，他们愿意将自己的热情薪火相传，让这一珍贵的传统文化永不熄灭。

美育特色课程不仅仅是技艺的传承，更是思想和精神的传递。通过艺术的表达，人们能够更深刻地理解和感受非遗文化所蕴含的哲学和价值观。这种深度的体验不仅丰富了学生的内心世界，也为他们的人生道路提供了指引。

（三）创意之风：美育特色课程的产业翱翔

创意之风在美育的滋养下，已经吹拂到了各个领域。艺术创作不再局限于画布和纸张，它渗透到了设计、电影、音乐、文学等各个领域。举例来说，虚拟现实技术的发展让艺术家能够创造出身临其境的虚拟世界，观众可以在其中沉浸式地体验艺术作品。这种跨界融合的创新正是美育的一种体现，它鼓励着不同领域的合作与交流，为创意产业注入了新的活力。

美育特色课程有助于培养富有创造力和创新精神的年轻人，这些年轻人不仅具备扎实的艺术技能，更有跨学科的思维方式，敢于打破传统，挑战常规，为创意产业注入新的血液。他们是未来的创意引领者，是创意之风的推动者，他们将美育的精神传承下去，为创意产业的繁荣创造更多机会。

在创意之风的引领下，创意产业正蓬勃发展，成了经济增长的亮点。它不仅为人们带来了娱乐和文化享受，更为社会创造了就业机会，推动了科技创新，拓宽了文化交流的渠道。创意在美育的推动下，将我们的传统文化和创新精神飘扬在创意产业的广袤天地，为人类文明的繁荣贡献着自己的力量。因此，美育培养了审美情感、创造力和跨学科思维，为创意产业的发展提供了坚实的基础。

第一章
地方高校美育特色课程建设的前沿趋势

第一节　美育特色课程鼓励个性化教学

《关于全面加强和改进新时代学校美育工作的意见》提出，以提高学生审美和人文素养为目标，把美育纳入各级各类学校人才培养全过程，贯穿学校教育各学段。这一重要文件，明确了新时代学校美育为什么做、做什么、怎么做，强化了学校美育的育人功能，对引导全社会重视美育，共同促进学校美育发展，具有重要的示范带动作用。

一、美育特色课程的个性化教学

大学生代表着朝气蓬勃、充满青春活力的青年一代，是一个民族的希望之所在。审美修养是大学生思想修养的重要组成部分，为了使大学生能够成为有理想、有道德、有文化、有纪律的"四有"人才，美育是基本的素质教育之一。美育要培养大学生正确的审美理想、健康的审美情趣，提高大学生对美的感受力、鉴赏力、表现力和创造力。同时，美育要以美引善，提高学生的思想品质；以美启真，激发学生对科学技术的学习热情；以美怡情，增进学生的身心健康，从而促进大学生的全面健康发展。

（一）敦煌文化的现代绽放：兰州大学的通识艺术教育实践项目

敦煌，是中国古代文化宝库中的一颗璀璨明珠，承载着丰富的历史遗产和艺术传统。为了传承和弘扬敦煌文化，兰州大学于2023年启动了一项独具创新精神的研究项目——通识艺术教育实践，旨在中华民族共同体语境下，通过通识艺术课程促进敦煌文化的传承与现代表达。这一项目的核心是"敦煌艺术与当代创作"课程，该课程由研究团队精心设计，旨在引导学生从敦煌壁画中汲取灵感，将传统元素与现代艺术手法相结合，创作出融合古今的艺术作品。

在敦煌，数千年来的历史和文化积淀汇聚成壁画、石窟、经卷等丰富的文化遗产。然而，尽管这些珍贵的文化遗产具有极高的历史和艺术价值，但它们的传承却面临许多挑战。兰州大学的通识艺术教育实践项目将这一问题视为当务之急，力求通过创新教育方式，将敦煌文化的精髓传承给新一代学子。

"敦煌艺术与当代创作"课程的研发是这一项目的亮点之一。该课程旨在将敦煌壁画的独特之美与现代艺术的创新思维相结合，引导学生进行跨时代的创作。通过课程，学生有机会深入研究敦煌壁画的历史、艺术风格和文化内涵，同时学习现代艺术的理论和技巧。这样的跨界教学方法为学生提供了一个全新的视角，激发了他们的创作灵感。

学生在课程中不仅能够学习理论知识，还能够亲自动手创作。他们被鼓励走进敦煌石窟，亲身感受壁画的细腻之处。然后，他们将所学应用于实际创作中，尝试将传统敦煌元素与现代艺术手法相结合，创作出独具特色的艺术作品。这种创作过程不仅让学生理解和尊重传统文化，还培养了他们的创新能力和艺术表达技巧。

此外，研究团队还鼓励学生进行合作创作，促进了团队合作和跨学科交流。通过和同学合作，学生能够汲取不同的灵感，从不同的角度解读敦煌文化，并创作出更多有趣的艺术作品。这种合作模式有助于培养学生的团队合作和沟通能力，也有助于他们更好地理解中华民族共同体的概念。

兰州大学通识艺术教育实践项目的目标不仅仅是培养艺术家，更是培养具备文化传承和现代创新能力的综合型人才。通过"敦煌艺术与当代创作"课程的学习，学生能够在感受传统文化魅力的同时不断创新，为敦煌文化的传承注入新的活力。这一独特的教育实践项目为中国的通识艺术教育提供了有益的探索和借鉴，也为中华民族共同体的文化传承和发展贡献了一份重要力量。兰州大学的努力，将助推敦煌文化的传承和现代表达，使之继续熠熠生辉，为世界文化的多样性作出更大的贡献。

（二）美育的疗愈之路：山东大学面向孤独症儿童的美育课程

为深入学习贯彻落实党的二十大精神，推动高校美育工作，在习近平总书记给中央美术学院老教授的回信五周年之际，教育部、中央美术学院于2023年5月联合启动"全国高校美育优秀案例交流展示"评选活动。自发布优秀案例征集启事后，共收到来自全国27个省（区、市）110所高校的151个美育案例。在近期的结果公示中，由山东大学（威海）艺术学院的刘楷、郑岩作为主要指导老师的美育案例"艺星相伴，与爱同行——面向孤独症儿童的艺术疗愈之路"在151个美育案例里脱颖而出，获选成为22个展览和展播的优秀美育案例之一，并在央视频道进行线上展播。

"艺星相伴，与爱同行——面向孤独症儿童的艺术疗愈之路"项目是以山东大学（威海）艺术学院"星星之家"工作坊为平台，进行的针对孤独症儿童认知能力疗愈的美育实践项目。团队通过美育实践、理论支撑、量表描述、效果调研等方式，打造了63套面向孤独症儿童认知能力疗愈的课程体系。截至目前，项目团队历时7年，通过180余名师生不忘初心、踔厉奋发的坚持，在上千小时的实践中，共计让956名儿童、644个家庭在艺术疗愈的实践中受益，团队累计开展讲座56场，合作15所特殊教育学校，得到了山东电视台、威海电视台、中青网等数十家媒体的关注和报道。

长期以来，山东大学（威海）艺术学院在育人工作中注重育人实效，发挥专业优势，将艺术与美育充分结合，致力于实现"四个融合"，进而打造文艺浸润式的育人平台，以期达到"以美育人，以美化人，以美培元"的育人效果。学院构建"美育课堂—实践基地—多地协同"的模式，在劳动教育实践基地开展了一系列以"艺美融合"为牵引的社会美育活动，努力构建德智体美劳全面协调发展的教育体系。

二、整合资源，丰富课程

登高才能望远，艺术文化的传承需要高人指点，才能更好地凸显新时代传承艺术文化的价值。同时，只有科学设计、系统规划、全面高质量开发美育特色课程，才能实现艺术育人的目标。

（一）邀请名家，指导交流

北京的一些高校聘请京剧名家走进学校"魅力讲坛"，对京剧的起源、表演方式以及京剧传承的必要性进行生动有趣的讲解。同时，学校聘请了京剧艺术家作为名誉校长，让他们对学校开展京剧普及工作献计献策、贡献智慧。通过交流学习，大学生们充分感受到了京剧的独特魅力，激发了对民族文化的深厚感情，培养了对京剧艺术的兴趣。

（二）学习观摩，开阔视野

高校组织学生走进中国戏曲学院观摩学习，推荐大学生观看电视上播放的《空中剧院》，学习经典剧目，在体验中感悟，在感悟中学习，进一步提高学生对京剧艺术的认识，激发学生学习中华国粹的兴趣。通过京剧艺术大师的精心指点，各种资源的有效整合，为大学生学习京剧艺术提供了宽广的舞台，大学生在京剧的舞台上热情参与、用心练习、用爱创造，在京剧艺术的道路上愉悦地成长。

在日常美育特色课程教学中，结合地域文化特点，开展京剧知识的普及和京剧艺术的鉴赏活动，促进学生认识深化和技能提升。例如：进行京剧经典唱段的学唱与赏析、京剧表演游戏、京剧服饰绘制、京剧经典形象的卡通人物设计、京剧剪纸、京剧书签制作、京剧小饰品的设计与制作等；开展"京腔昆韵——戏歌的学唱""京剧元素在生活用品设计中的应用"等同课异构研究。

三、美育特色课程培养自信心与创造力

（一）美育特色课程培养自信心

1.多元化的课程设置

美育特色课程应包括音乐、美术、书法、舞蹈、戏剧、影视等内容，以满足学生不同的兴趣和潜能发展方向的需求。通过提供多元化的艺术体验，学生有机会发现自己的特长和兴趣，从而增强自信心。多元化的美育特色课程设置是培养学生自信心的关键因素之一。这一观点反映了美育领域对于激发学生潜能和鼓励他们自我表达的重要性。

多元化的美育特色课程为学生提供了广泛的选择，使他们有机会在不同的艺术领域中探索和发展自己的兴趣。这种多样性有助于学生发现他们擅长和喜欢的艺术形式，从而激发他们学习的积极性。例如，某些学生可能在音乐方面表现出色，而另一些学生可能更喜欢绘画或舞蹈。通过提供

多种选择，美育特色课程鼓励学生积极参与，让他们在感兴趣的领域中获得成功体验，从而提高自信心。多元化的美育特色课程可以帮助学生涉猎不同的艺术门类，培养他们的多重感知能力和审美能力。例如，学习舞蹈和戏剧可以让学生通过肢体表达和戏剧性演出来展示自己的创造力和表达能力。这种综合性的学习体验有助于学生在多个感官层面培养审美感受，提高对艺术的综合理解能力，从而更加自信地探索和表达自己的艺术天赋。

此外，多元化的美育特色课程还有助于学生建立对不同文化和艺术传统的尊重和理解。通过学习地域特色艺术和世界各民族的艺术形式，学生可以拓宽自己的文化视野，接触到不同的审美价值观。这有助于培养学生的跨文化沟通能力和开放性思维，使他们更有信心地面对文化的多样性和复杂性。

多元化的美育特色课程也为学生提供了更多的机会参与团队合作和创意合作。舞蹈、戏剧和音乐等艺术形式通常需要学生在团队中协作，共同创作出艺术作品。这种协作有助于学生构建团队合作能力和领导力，同时也增强了他们对自己在集体中的价值和贡献的自信心。多元化的美育特色课程不仅丰富了学生的艺术体验，还鼓励他们积极参与、涉足多个领域，尊重多样性，培养团队合作能力，从而增强了他们的自信心。通过探索和表达自己的兴趣和潜能，学生可以更好地理解自己的价值和能力，建立坚定的自信心，为未来的学习和生活奠定坚实的基础。因此，多元化的美育特色课程在培养学生自信心方面具有重要作用。

2. 引入地域特色艺术和世界各民族艺术

通过融入地域特色艺术和世界各民族艺术，学生可以更好地理解不同文化之间的共通之处和差异之处。这有助于培养学生的跨文化理解和开放思维，从而增强自信心，让他们更好地适应多样化的环境。

引入地域特色艺术和世界各民族艺术，这一策略旨在丰富美育特色课程，不仅培养学生的跨文化理解和开放思维，更增强了他们的自信心。这一措施不仅反映了多元文化教育的价值，也顺应了培养具备跨文化背景的学生的迫切需求。下面我们将详细探讨为何引入地域特色艺术和世界各民族艺术对学生自信心的培养至关重要。

通过学习地域特色艺术，学生能够更深刻地了解自己国家和地区的文化传统，培养对本土文化的认同感和自豪感。美育特色课程传承了中国丰厚的文化底蕴,如中国书法、绘画和传统音乐等。这有助于学生更好地了解我国文化的深厚底蕴,激励他们积极参与和传承本土文化。这种自我认同感对于培养学生的自信心至关重要,因为它让学生明白自己是一个具备独特文化背景的个体,从而更自信地面对多元文化带来的挑战。

通过学习世界各民族艺术,学生能够拓宽他们的文化视野,加深对不同文化之间的相通和差异的理解。美育特色课程可以引入来自不同国家和地区的艺术形式,如印度的卡塔克舞蹈、非洲的鼓乐、巴西的桑巴舞等。这有助于学生突破自身文化背景,接触和欣赏其他文化的艺术表达方式。通过比较和对话,学生可以更好地理解跨文化背景的人们之间的共鸣和不同,培养跨文化沟通的能力。这种跨文化理解对于培养学生的自信心至关重要,因为学生将更自信地适应多元文化的社会和工作环境,不受文化差异的制约。

此外,通过接触不同文化的艺术,学生还能够培养开放思维和包容态度。他们将学会尊重和欣赏不同文化的多样性,避免偏见和歧视,更愿意接纳不同文化的观点和观念。这种开放思维和包容态度对于培养学生的自信心至关重要,因为学生将更容易适应多元化的社会和工作环境,更自信地与不同文化背景的人合作和交流。通过学习地域特色艺术和世界各民族艺术,学生能够获得更广泛的知识和视野。这有助于他们更全面地理解世界,提高综合素质。这种知识的积累也会增强学生的自信心,因为他们将更有信心参与各种知识和文化领域的对话和探索。

引入地域特色艺术和世界各民族艺术可以帮助学生培养自信心,因为它有助于学生建立自我认同感、培养跨文化理解能力、拓宽开放思维和知识视野。这些都是自信心的重要组成部分,有助于学生更自信地应对多样化的社会和未来挑战。因此,多元文化的美育特色课程在学生的自信心培养中发挥着不可替代的作用。

3.艺术学科要素的渗透

在美育特色课程中引入艺术哲学、艺术史和艺术批评等艺术学科要素,可以帮助学生更深入地理解艺术的本质和意义。这样的知识可以激发学生的批判性思维和自我表达能力,增强他们对自己创作和欣赏艺术的信心。这一策略不仅能够更深刻地揭示艺术的深邃内涵,还能够激发学生的批判性思维和自我表达能力,进一步增强他们对创作和欣赏艺术的信心。下面我们将详细探讨为何在美育特色课程中引入艺术哲学、艺术史和艺术批评等艺术学科要素对培养学生的自信心至关重要。

引入艺术学科要素，学生将更深入地理解艺术的本质和意义。美育特色课程可以教授学生关于艺术哲学的思考，如"什么是艺术""艺术如何影响人们的情感和思维方式"等问题。这有助于学生超越表面的艺术形式，更深入地思考艺术作品背后的思想和情感。同时，学习艺术史可以帮助学生了解不同时期和文化背景下的艺术流派和风格，从而更好地理解艺术的发展轨迹。艺术批评则能够启发学生对艺术作品进行深入分析和评价，使学生了解艺术家的创作意图和技巧。这样的知识将为学生提供更多维的角度，让他们更全面地理解艺术，增强对艺术的信心。

引入艺术学科要素能够激发学生的批判性思维。艺术哲学教育鼓励学生提出深刻的问题，如艺术的价值观念和审美标准。学习艺术史可以帮助学生分析艺术发展的动态和其背后的社会文化因素。此外，艺术批评要求学生审视艺术作品的细节和表现形式。这些学科要素培养了学生的批判性思维能力，使他们能够更深刻地理解和分析艺术，提出独到的见解。这种批判性思维有助于学生更自信地与他人讨论并分享其对艺术的见解。

引入艺术学科要素还能够增强学生的自我表达能力。通过深入学习艺术哲学，学生将更好地理解自己的情感和思想如何通过艺术表达；了解艺术史可以启发学生在创作时参考不同时期的艺术风格和技巧；同时，艺术批评鼓励学生对自己的作品进行深入分析和改进，提高艺术创作的质量。这种自我表达的机会和反馈有助于学生更自信地展示自己的艺术作品。

引入艺术学科要素在美育特色课程中是非常重要的，因为它有助于学生更深刻地理解艺术，激发批判性思维，提高自我表达能力，进一步增强他们对创作和欣赏艺术的信心。这些能力将使学生更加自信地面对艺术领域的挑战，也有助于他们在其他领域展现更出色的能力。

4.鼓励创造性表达

美育特色课程应该鼓励学生进行创造性表达。无论是绘画、音乐、舞蹈还是戏剧，都鼓励学生表达自己的想法和情感，帮助他们发展自己的创造力和独特性。因此，鼓励创造性表达是至关重要的。美育不仅仅是传授艺术技巧，更是培养学生独立思考和创作能力。

鼓励创造性表达有助于学生建立对自己能力的信心。当学生在绘画、音乐、舞蹈或戏剧等领域尝试并表达自己的想法和情感时，他们逐渐意识到自己的独特性和创造力。每一次成功的创作都会增加他们的自信心，使他们更愿意迎接新的挑战。创造性的表达让学生更清晰地看到自己的潜力，从而更自信地探索和发展。

创造性表达培养了学生独立思考和解决问题的能力。在创作过程中，学生需要思考如何表达自己的观点和情感，如何解决艺术作品中的问题。这种思考和解决问题的经验不仅在艺术领域有用，也在生活的其他方面具有重要价值。学会面对挑战和找到解决方案的能力将增强学生的自信心，使他们更有勇气应对未来的困难。

此外，创造性表达也有助于学生建立积极的自我认知和提高情感管理能力。通过艺术，学生可以表达内心的情感和情绪，释放压力，找到平衡。这种情感管理能力可以帮助他们更好地理解自己，增强情感稳定性，提高自信心。创造性表达也是培养学生独立性和自主性的途径。在艺术创作中，学生需要自己思考和决策，不断探索和实验。这种自主性的培养有助于学生更自信地面对各种情境，作出独立的选择。

5.培养综合素质

培养综合素质是美育的一项关键任务。美育不仅仅是传授艺术技能，更是培养学生的创新能力、批判性思维、团队合作等综合素质，这些素质对于学生在不同领域取得成功和建立自信心都至关重要。下面我们将详细探讨为何培养综合素质对于学生的自信心至关重要。

培养创新能力有助于学生更自信地面对未知和复杂的情境。在美育特色课程中，学生被鼓励探索新的创意和表现方式，这培养了他们的创新思维。这种创新能力不仅在艺术领域有用，也在学生的学术和职业生涯中发挥作用。当他们能够提出新的观点、解决问题或应对挑战时，他们会更有信心，因为他们知道自己具备了创造性应对各种情境的能力。

批判性思维是培养学生自信心的重要组成部分。通过美育特色课程，学生学会审视艺术作品，分析其构成要素、意义和价值。这种批判性思维不仅适用于艺术领域，还可以帮助学生更深入地思考其他领域的问题。他们能够提出有力的论点，捍卫自己的观点，并理解复杂的问题。这种思维方式使学生更有自信，因为他们能够更加理性地评估和处理各种情况。

团队合作能力也是培养学生自信心的关键因素。在美育特色课程中，学生通常需要与他人合作创作艺术作品。通过与他人合作，学生学会了倾听、尊重他人的观点和贡献，以及有效地协调和合作。这种团队合作的经验有助于培养学生的社交技能和领导力，使他们更自信地与他人互动。

此外，培养综合素质还包括学生的文化理解和全球视野。通过美育特色课程，学生有机会了解不同文化之间的共通之处和差异之处，培养跨文化理解能力。这种文化理解使学生更开放、更包容，有能力适应多样化的社会和工作环境。这也增强了他们的自信心，因为他们知道自己可以成功地融入不同的文化背景中。

培养综合素质在美育特色课程中至关重要，因为它有助于学生更自信地面对未知情境、培养批判性思维、提高团队合作能力、培养社交技能、提升领导力和跨文化理解能力。这些素质不仅在艺术领域有用，也在学生的整个工作和生活中发挥重要作用，使他们更有信心地面对各种挑战，实现个人和职业的成功。这正是培养综合素质所体现出的自信和创新精神。

（二）美育特色课程培养创造力

1.什么是创造力

创造力是一种复杂的心理和认知过程，涉及产生新颖和有用的想法、概念、方法或产品的能力。它不仅限于艺术领域，还贯穿于人类活动的各个方面，包括科学、技术、商业、教育以及日常生活。创造力的核心在于打破常规，以新颖独特的方式重新审视问题或迎接挑战，并提出创新解决方案。

（1）创造力的多维度特性

①新颖性：创造力首先体现在新颖性上，即能够提出不拘一格的新想法或方法。这种新颖性要求个体能够打破传统思维框架，从而产生独特而有意义的成果。

②实用性：创造力不仅关乎新颖性，还需要实用性。创造性思维的产出必须在某种程度上解决实际问题或满足特定需求，以便在特定情境中得以实施和应用。

③多元思维：创造力依赖于多元化思维方式，包括发散性思维（寻找多个解决方案）和聚合性思维（从多个选项中选出最佳解决方案）。这种思维方式促使个体从不同的角度理解和解决问题。

（2）创造力在现代社会中的重要性

在当今的数字化时代，创造力被视为职场中必备的关键能力之一。随着技术的快速发展和全球化进程的加速，企业和组织不断寻求创新以维持竞争优势。因此，创造力的重要性日益凸显，体现在以下几个方面。

①推动创新：创造力是创新的驱动力。无论是在产品设计、服务开发还是商业模式创新中，创造力都扮演着核心角色。它能够帮助企业和个人识别新的机会，开发新产品，并优化现有流程。

②解决复杂问题：面对复杂的社会、经济和技术挑战，创造力能够提供新颖的解决方案。通过整合多学科的知识和经验，个体可以更有效地解决问题，提升组织的适应能力和竞争力。

③促进个人和职业发展：在职场中，创造力有助于个人脱颖而出。具备创造力的员工能够在团队中发挥独特作用，推动项目进展，并为企业带来长远的价值。

综上所述，创造力是人类进步和发展的动力之一，它促使我们不断探索未知领域，推动社会和技术的进步。通过培养创造力，个体和组织能够在快速变化的世界中保持灵活性和适应性，迎接未来的各种挑战。无论是在艺术创作还是科学研究中，创造力都是实现创新和变革的关键因素。

2.创造力的本质与应用

创造力是一种心理过程，它是由多种认知、情感、行为和社会因素交互作用产生的。创造力的本质在于创造者对问题的独特解决方式，这种解决方式不同于传统的解决方式，它具有创新性和独创性。创造力的本质还在于创造者对问题的敏感度和洞察力，他们能够看到别人看不到的东西，发现别人发现不了的问题。

创造力可以应用于各个领域，例如，科学、艺术、商业等。以下是几种创造力的应用方式：

（1）科学研究

创造力可以帮助科学家发现新的问题和指出新的解决方式；创造力还可以应用于各个科学领域，例如物理学、化学、生物学等。

（2）艺术创作

创造力可以帮助艺术家发现新的艺术形式和表现方式。创造力可以应用于各种艺术形式，例如绘画、音乐、舞蹈等。

（3）商业创新

创造力可以帮助企业发现新的商业模式和市场机会；创造力可以应用于各种商业领域，例如营销、产品设计、管理等。

第二节　美育特色课程与数字化技术的交融

一、学校美育特色课程的数字化模式

高校美育特色课程教学要杜绝填鸭式的"大水漫灌"，而要实现对话式的"精准滴灌"，加强分类指导，促进审美主体性的形成，倡导构建美育特色课程教学模式，利用人工智能（AI）、增强现实（AR）、虚拟现实（VR）等前沿技术，搭建"交互—浸润"式美育特色课程教学模式，激活学生内在的精神力量，以达成"立美"的境界追寻，使学生在课程学习中实现"置身—知觉—体验—创生"的审美跃迁，在美育特色课程的情感涵养和审美照拂下提升人生境界，踏上求真、向善、寻美的生命之旅。

随着云计算、大数据、区块链、5G、虚拟现实与人工智能等新技术的广泛应用，所有艺术媒介都在与计算机技术深度融合，促进了智能生活、数字文化和网络生态的巨大变化与革新。在此背景下，数字科技与艺术相融合的数字美育，日益凸显其必要性和紧迫性。

数字美育既需要着眼于当前数字媒介的前沿性、技术性，兼具艺术与科技相融合的特色美育新形式，同时又要打破传统艺术学科及其专业领域的区隔，立足交叉学科的视野，以适应数字互联时代的新需求和新格局。因此，新时代数字美育发展应从媒介素养、艺术鉴赏、动态审美、网络引导这四个维度进行建设，提高社会及校园群体对数字网络文化的审美认知水平，促进数字时代公众审美素养的普遍提升。

相较传统的美育，数字美育并非利用数字技术与普及传统美育的物理叠加，而是主动应对数字艺术时代，提高数字媒介素养，提升对数字艺术的鉴赏力，引导对动漫游戏的良性审美，加强使用网络的教育引导，推动人们与互联网及数字内容积极和谐相处。随着青少年逐渐成为中国社会的中坚力量，以及新一代互联网技术和元宇宙形态的不断发展，这个问题会更加突出和迫切，对新时代社会和校园美育建设提出了巨大挑战。

第一，在数字媒介素养维度，新时代数字美育理念旨在注重培养积极面对网络新生事物，理性分析网络社会新发展新变化的能力，培养大数据、区块链、机器视觉分析、数据挖掘、深度学习、数字人等多个网络前沿科技的认知能力。

当下，我国青少年获取知识的重要途径是互联网各种搜索引擎及专业数据库，因而数字美育的首要方向，应针对网络年轻群体的特点，重点培养当代年轻人的算法学习、智能媒体、编程应用、媒介信息分析等意识，提升其对信息的获取、处理、运用及其综合判断分析的能力，学会运用科学客观的研究方法和分析视角，对网络信息传播现象进行科学调查和理性判断。

第二，在数字艺术鉴赏维度，新时代数字美育方向旨在注重培养年轻人的艺术学原理与相关文化理论的基本素养，学会对数字艺术现象与美学风格进行鉴赏，学习分析作品的创作内涵和社会影响，并能够作出理性的审美与价值判断。

21世纪以来，计算机艺术、互联网艺术、交互艺术、虚拟现实艺术、生成艺术等以计算机为技术基础的数字艺术成为当代艺术新形态。当代数字美育的发展方向，亟待培养年轻人对数字艺术的审美鉴赏力和文化理解力。一方面，在理论层面上，数字美育应引领年轻人积极探索数字技术美学应用的艺术哲学逻辑，分析技术与人类科学、政治经济、社会传播、历史文化及意识形态等方面的关系，提升其审美能力和价值理解。另一方面，在实践层面上，数字美育内容着眼于新兴数字技术语境下所催生的虚拟现实影像、动态图形与演示动画等智能媒体艺术形态，积极探索未来影像与算法技术实践创新，创作出富有创意的数字艺术作品。

第三，在动漫游戏良性审美维度，新时代数字美育观念亟须针对当前复杂的网络动漫游戏文化现象，引导学生以高素养、专业化认知面对数字流行文化，并建立良性审美观。

数字动漫游戏作为重要的数字经济产业，不仅是值得深入探究的数字艺术与文化议题，同时也引发不少争议。因此，新时代数字美育十分有必要注重培养学生对动漫游戏等网络文化创意产品的专业认知和良性审美，普及各类型数字动画、网络新媒体动漫、网络交互游戏等的创作理念与运营机制，并引导学生从美学、文化、设计学、传播学、技术与产业等多元视角下对动画游戏跨学科专业进行判断和认知，并在此过程中注重对学生价值观的培养与提升。

第四，在网络正向引导维度，新时代美育发展应理性面对网络使用和新生文化事物，培养学生文明上网行为和健康网络操守，使学生高效运用数字信息化技术手段服务社会文化公共体系。

随着信息技术的发展，网络社会舆论和网络文化现象瞬息万变。如何构建绿色网络生态，促进大众话语的健康理性发展，是数字美育的重要建设维度。这需要有意识地提高青少年及从业者的自身觉悟，以提升其对网络空间的理性认知和实践操作技能，正确引导其理性分析网络社会的最新发展与变化，进而树立正确的价值观，并积极助力网络数字生态的良性发展，以更好地服务社会。

同时，网络媒介被广泛应用在国计民生、社会文化等诸多层面，全方位地改变了人们的生活方式和观念认知。数字美育更应积极应对诸如元宇宙等互联网前沿科技的最新发展态势，推动数字社会的进步。

此外，数字美育引导范畴还应走出校园，充分利用数字网络媒介特征，打通校园与社会的交流通道，通过慕课、微课等网络教学新模式，将校园数字美育面向社会教育普及，在规模化、结构化、科学化发展的过程中，着眼于校园美育和社会美育的公共文化服务建设，进而回馈社会。

二、数字化美育特色课程实践

以习近平新时代中国特色社会主义思想为指导，全面贯彻党的教育方针，坚持马克思主义指导地位，坚持中国特色社会主义教育发展道路，坚持社会主义办学方向，坚持明德引领风尚，落实立德树人根本任务，引领学生树立正确的审美观念、陶冶高尚的道德情操、塑造美好心灵，切实改变高校美育的薄弱现状，遵循美育特点，弘扬中华美育精神，以美育人、以美化人、以美培元，培养德智体美劳全面发展的社会主义建设者和接班人。

（一）数字化美育：新时代美育创新领域

美国麻省理工学院媒体实验室主任尼古拉斯·尼葛洛庞帝（Nicholas

Negroponte）教授早在1996年《数字化生存》一书中就认为人类已进入数字化时代。时至今日，我们的生活已经与数字化息息相关、密不可分，5G通信、人工智能、城市大脑、数字乡村等新生事物如雨后春笋。

我国的数字化校园工程方兴未艾，在此基础上的数字化教室项目在城市学校率先走向前台，数字化美术教室应运而生。《普通高中美术课程标准（2017年版2020年修订）》将"电脑设计/电脑绘画""摄影摄像"合并为"现代媒体艺术"。

（二）项目化学习：新时代学生素养培育的新方法

美国实用主义教育家杜威提出的"教育即生活""做中学"等观念是项目化学习的思想源泉。杜威的弟子克伯屈继承和发展了杜威的学说，提出了设计教学法，也称单元教学法。

在我国，2014年开始，上海教育科学研究院的夏雪梅博士带领的教科研团队进行指向学习素养的项目化学习探索，先后出版了《项目化学习设计：学习素养视角下的国际与本土实践》《项目化学习的实施：学习素养视角下的中国建构》等专著。夏博士提炼了学习素养视角下项目化学习的四个特征和六个维度的项目设计框架。2019年6月11日，《国务院办公厅关于新时代推进普通高中育人方式改革的指导意见》发布，明确要求"积极探索基于情境、问题导向的互动式、启发式、探究式、体验式等课堂教学，注重加强课题研究、项目设计、研究性学习等跨学科综合性教学"。

（三）"数字化美育+项目化学习"的美育特色课程路径探索

1."信息技术+美育"促成教师教学指导策略的转变

在生态文明意识已经深入人心的今天，用"生态"的理念审视教育，我们可以把教育理解为"学生成长发展的环境系统"。这个"系统"的状况如何，也即"生态"的好坏，对学生的发展，对教育目标的实现具有重大影响。为促成学生学习方式的转变，这一环境系统必须先行发生改变。在"信息技术+美育"的数字化美育教学中，首先要转变教师角色，转变传统教学策略。本文提出数字化美育特色课堂中教师要从"授课者"转变为"数字美育活动指导者"，教学策略要从"授课先行，先教后学，先教后做"转变为"数字美育活动先行，先学后教，先做后教"的项目化学习新策略。

2. "线上+线下"促成学校美育管理的创新

美育是新时代"立德树人"根本任务的重要组成部分。2013年，党的十八届三中全会提出"改进美育教学，提高学生审美和人文素养"；2015年，国务院办公厅印发《关于全面加强和改进学校美育工作的意见》；2020年10月，中共中央办公厅、国务院办公厅印发《关于全面加强和改进新时代学校美育工作的意见》，从更高站位出发，对学校美育工作进行再认识、再深化、再设计、再推进，强化学校美育的育人功能，提出"学校美育与素质教育的要求还不相适应，与推进教育现代化的要求还不相适应"，要求"构建以学生发展为中心的教学模式"，"有机整合相关学科的美育内容，推进课程教学、社会实践和校园文化建设深度融合"。

如何创设以学生发展为中心的学习环境？如何整合不同学科的美育内容？如何推进美育现代化？实践的版本多种多样，数字美育活动无疑是其中最有代表性的一种。一方面，线下的数字美育教学发展，促使基层学校更新管理理念，认识到"信息技术+美育"的综合育人途径和价值，建立健全学校美育规划，增加美育学科教育现代化的投入。另一方面，由于数字化美育学习跨越线上和线下，美育活动的网络学习、艺术作品的网络展示、学习成果的网络应用都成为既定事实，这也促使基层教育管理者必须更新管理观念、拓宽管理渠道、革新管理方法，以适应新时代"线上+线下"美育活动。

3. "数字美育+项目化学习"促成学生学习方式的改变

传统教育关心"学什么"，注重知识的传授；现代教育关心"怎么学"，注重学习能力的培养。项目化学习和数字化学习正是培养学生学习能力的重要学习方式。数字化学习的英文单词为"E-Learning"，它充分利用现代信息技术所提供的具有全新沟通机制与丰富资源的学习环境，实现一种全新的学习方式。本文提出"数字美育+项目化学习"的理念，并通过多样的美育课堂学习活动促使学生走向自主学习，从项目活动中学习，学以致用。数字美育学习系统拓展了学习的内容资源、增加了学习的工具选项，数字美育利用各种硬件和软件，针对学情搭建自主学习平台、准备数字化学习资源包，网络资源帮助学生真正实现自主选择学习内容、自主制订研究方案、自主执行学习方案，进行艺术学习和艺术创作活动，通过数字化设备把学习成果展示到校园网、作业吧、微博、微信、QQ等平台，使学习突出自主性与选择性，对不同层面的学生进行定时的适度的差异化学习，这在普通的学习环境中是很难达成的。

4.美育特色课程与数字化技术的交融创新

美育特色课程与数字化技术的交融，在浙江商业职业技术学院（以下简称浙商职院）的实践中得到了生动的体现。该校打造的"六位一体"数字化育人服务平台，不仅适应了新时代人才培养的需要，而且将美育课程与数字化技术紧密结合，为美育教学注入了新的活力。

浙商职院通过数字化技术和手段，实现了美育课程与思政元素的"聚合"、与政治素养的"融合"，以及与人才培养的"耦合"。这种融合不仅使得美育课程更加符合中国特色社会主义发展要求，坚持正确的政治方向和思想引领，还使得学生在接受美育熏陶的同时，潜移默化地塑造良好的思想、道德、品质和人格。

在浙商职院的实践中，数字化技术为美育特色课程提供了丰富多样的教学手段和形式。通过运用云展览、数字文博、虚拟演出等先进技术，学生可以更加直观地感受艺术作品的魅力，参与到各种艺术实践中。这种互动式、体验式的教学方式，极大地提升了学生的学习兴趣和参与度，使得美育教学更加生动有趣。

此外，浙商职院还关注网络文化对学生审美多角度的影响，以案说教，教人以行，育人以情。通过数字化技术，教师可以更加便捷地获取网络上的美育资源，结合现实生活中的案例，引导学生正确看待网络文化，避免沉溺于虚拟世界。这种将美育特色课程与数字化技术交融的做法，既符合时代发展的趋势，又能够有效应对数字化时代对美育教学带来的新挑战。

浙商职院的实践表明，美育特色课程与数字化技术的融合是一种有益的探索和创新。通过充分利用数字化技术的优势，我们可以推动美育教学的现代化和个性化发展，培养出更多具有创新精神和实践能力的人才。同时，我们也需要关注并解决在交融过程中可能出现的问题和挑战，确保美育教学的质量和效果。

第三节　美育特色课程促进多元文化的融合

一、多元文化的定义

多元文化是指在人类社会越来越复杂、信息流通越来越发达的情况下，文化的更新转型也日益加快，各种文化的发展均面临着不同的机遇和挑战，新的文化也将层出不穷。我们在现代复杂的社会结构下，必然需要各种不同的文化服务于社会的发展，这些文化服务于社会的发展，造就了文化的多元化，也就是复杂社会背景下的多元文化。多元文化主义（multicultural-ism）一词的出现始于20世纪80年代的美国。1988年春，斯坦福大学校园的一场课程改革成为后来被学者们称为"文化革命"的开端，这场改革迅速波及整个教育界，继而在其他社会领域也产生了不同的影响，学术界对此现象进行了探讨和争论。

二、多元文化的由来

（一）美国的多元文化

1.移民结构

美国是世界上最大的移民国家，移民创建并繁荣、发展、壮大了美国。美国从来就不是纯粹的"单一"国家。从殖民地时期开始，来自西班牙、法国的殖民者构成了最早的移民群体。紧接着，不甘落后的是荷兰人、瑞典人和英国人，特别是从1620年英国清教徒创建马萨诸塞海湾殖民地开始，英国便开始了持续的移民潮，奠定了日后被称为盎格鲁-撒克逊文化的主体基调。非洲黑人的贩运又扩大了移民群体的构成，但由于他们身份的特殊性（作为奴隶），非洲文化处于被压制的、无足轻重的状态。之后，另一支欧裔——日耳曼人也加入了北美大陆的移民群体中。这支非英语的族裔由于语言不通，经常相聚而居，自成一体，又由于耕作有方，小社会颇为繁荣，遭到了先来者的敌视，但并未发生更多的冲突。

2.原因探求

一是二战后的美国经历了一个被誉为"黄金时代"的社会演变与过渡

时期。这一时期的显著特点是经济的繁荣，这种繁荣导致了美国经济结构的重大演变。传统的工业经济逐渐演化为信息经济，这意味着知识、信息和思想的产业逐渐成为经济的主导力量。这一转变带来了白领阶层的兴起，他们以知识为生，推动了经济的进一步发展。中产阶级也在这一时期迅速崛起，各种族的美国人开始享受相对富裕的生活，社会经济地位普遍提高，这为社会的稳定和繁荣创造了条件。

二是冷战的结束为美国内部的保守主义者提供了思考美国国内文化问题的机会。这一时期涌现出一场激烈的文化战争，争论涉及道德观念、社会价值观等多个方面。社会保守主义和进步主义之间的冲突成为政治话题的重要组成部分。这场文化论战反映了社会的多元性和复杂性，也塑造了今天美国社会和政治的某些特征。

三是高等教育在这一时期迅速发展，成为社会变革和思想演变的重要引擎。更多的美国人获得了高等教育，从中汲取了新的思想和观念，这些思想和观念改变了他们的世界观。大学校园成了自由思考和多元观点的温床，塑造了一代人的思维方式和价值观。这也促进了社会的进步和变革。

四是20世纪60年代，美国的民权运动和社会变革对妇女的经济地位和政治地位产生了深远的影响。妇女争取平等权利的运动改变了妇女在美国社会中的地位，使其成为独立的政治和社会力量。社会对性别平等的认同不断增强，这使得妇女在家庭和职场中的地位变得更加公平和包容，促使社会向更加公正和公平的方向发展。

五是国际政治走向多极化，各族裔人民的自我意识和民族主义思潮上升，这为文化冲突创造了背景条件。少数族裔美国人的民族意识逐渐觉醒，他们追求更高的社会地位和文化认同，提倡多元文化主义。这一现象在国际上也推动了跨文化交流和理解，促进了全球多元文化的共存。

（二）中国的多元文化

从1992年沈宗美的《对美国主流文化的挑战》开始（在文章中沈将"multiculturalism"译作"文化多元主义"）到2001年国家社会科学基金项目"美国多元文化研究"，国内学术界也对多元文化的相关问题进行了探讨，有关"多元文化主义"的研究成了1990年以后在中国的美国文化研究的重点之一。研究的成果除了以上所提及的论文，还有朱世达主编的《当代美国文化与社会》）。学术界达成了一些共识，但仍有许多理论空白。

1. "多元一体"是中华民族的文化格局和特色

中华民族的历史是一部以华夏民族为主体，各兄弟民族团结合作、互相支持、互相尊重、宽容相待、携手共进的历史。千百年来，各族人民在中华大地和睦相处，形成了休戚相关、荣辱与共的一体化观念与意识，形成了相互依存的统一而不能分割的中华文化。中华民族文化多元一体的格局和特色，成为维系全体中国人的精神纽带，中华文化成为各民族共有的精神家园。

文化的"多元"与"一体"统一于我国文化发展史中。具体来说，"多元"是指各民族各有其起源、形成、发展的历史，其文化既各具特点，又相互区别，呈现出多样性的特点。各民族特殊的地域文化在中华文化的发展过程中扮演了极为重要的角色，各民族文化的多样性和差异性为中华文化提供了多姿多彩的精神源泉，各民族共同组成了中华文化。"一体"是指中华文化是在漫长的历史进程中，各民族文化间相互交往交流交融而形成的相互关联、相互补充、相互依存的关系，体现了中华文化的整体性、共同性和一致性。

纵观我国民族发展的历史，距今5000年前在中华大地上就已经形成了源于中国本土的华夏、东夷、南蛮、西戎、北狄五大民族集团。各民族相互融合，形成了中华民族多元一体的大家庭。我国历史演进的这一特点，造就了我国各民族在分布上的交错杂居、文化上的兼收并蓄、经济上的相互依存、情感上的相互亲近，形成了你中有我、我中有你，谁也离不开谁的多元一体格局。各民族长期共处、和谐共生所形成的中华文化构成了中华民族多元一体亘古不变的主题。

2. 不可割裂"多元"与"一体"的内在关联性

中华文化是多元一体的文化，你中有我，我中有你、不可分割。树立中华民族共同体意识要避免割裂"多元"与"一体"的关系。具体说来，就是要谨防以下几种错误倾向：一是求异性，即把少数民族文化从中华文化中剥离出去，切断与中华文化"一体"的关联性，片面强调少数民族文化的独特性，强化各民族之间的差异性；只认同本民族的族群文化，否认对中华文化的整体认同。这一错误认识把中华文化看作是游离于各民族文化的外在文化，导致民族分界意识增强，偏离了"汉族离不开少数民族、少数民族离不开汉族、少数民族之间互相离不开"的 "三个离不开"原则。二是窄化，即把中华文化仅仅归结为汉族文化或儒家文化，忽视了中华文化的多样性和少数民族对中华文化的贡献，甚至以汉族文化作为中华文化的代名词，造成少数民族群众对自身文化在中华文化大家庭中的地位以及与其他民族文化之间的关系出现认识偏差。三是浅表化，即对各民族文化的认识仅仅停留在服装、习俗、歌舞、饮食、建筑等显性的层面，缺乏对各民族优秀文化内核的深刻认识与深度挖掘，缺乏对各民族文化与中华文化以及各民族文化之间的内在关联性和一致性的深层次认知把握。

3. 正确认识"多元一体"，增强中华民族共同体意识

多样性是一体性的前提，差异性是统一性的条件。中华民族多元一体的文化格局，多元组成一体，一体包含多元，多元离不开一体，一体也离不开多元，多元是要素和动力，一体是主线和方向，两者辩证统一。中华民族和各民族的关系，形象地说，就是一个大家庭和家庭成员的关系；各民族之间的关系，就像一个大家庭里不同成员之间的关系。

中华民族共同体意识是国家统一之基、民族团结之本、精神力量之魂。实现中华民族伟大复兴的中国梦，需要进一步铸守中华民族共同体意识，加强各民族交往交流交融，合力创造中华民族美好未来。多样性是中华文化的特点，也是中华文化的优势，为中华文化提供了强大的活力。要求同存异，和而不同，在尊重差异的前提下扩大认同，在包容多样中增进共识，促进不同民族之间的相互认同和共同心理、共有文化的发展。

如何在多民族地区大力培养中华民族共同体意识？

第一，要通过中华传统文化教育和民族地区美育特色课程教育，引导各族群众通过亲身感受去体认本民族文化与中华文化的同质性和同体性，认识到中华文化是包含56个民族的文化，中华文明是各民族共同创造的文明，中华民族的发展史是各民族水乳交融、唇齿相依、休戚相关、荣辱与共的发展史。第二，要尊重差异，包容多样，巩固一体，增强共同性。坚持各民族一律平等的前提是尊重民族差异，要尊重各民族的文化和风俗习惯，同时，也要明确尊重差异不等于固化差异、强化特性，要引导各族群众在共同生产生活和工作学习中，相互了解、相互尊重、相互包容、相互欣赏、相互学习、相互帮助，像石榴籽那样紧紧抱在一起，培养不同民族群众同呼吸、共命运、心连心的文化心理。第三，积极探索地方高校美育

特色课程建设，在课程中浸润以文化促进交往，以交往增进交流，在交流中实现交融的路径，增强各族人民对优秀民族文化和中华民族多元一体文化的历史认知与情感认同。在课程中要通过中华文化认同不断增强中华民族的凝聚力和向心力，切实把中华民族共同体意识内化为价值导向和社会共识。第四，在社会主义核心价值观引领下，地方高校美育特色课程要结合中华民族共同体意识。在课程中要强调从各民族传统文化中凝练出的价值共识是中华文化的内核，在当代表现为社会主义核心价值观。社会主义核心价值观既是我国各族人民的共同追求，也是各族人民认同的精神纽带，是中华文化认同的最大公约数。社会主义核心价值观的践行过程，就是集聚社会正能量、增强中华民族向心力的过程，是培育中华民族共同文化意识的过程。在美育特色课程中强调尊重多元的基础上强化一体，最根本的就是把社会主义核心价值体系真正内化为各族人民的坚定信念和自觉行为，并在此基础上不断强化国家意识、公民意识和中华民族共同体意识，牢固树立起作为中国人的自豪感、光荣感和履行权利义务的责任感。

三、美育特色课程促进多元文化的融合

（一）民族文化的传承

美育特色课程在承载民族文化传承和鲜活表现方面，犹如一颗璀璨之星，耀眼而重要。它为学生敞开了通往各个民族丰富文化传统的大门，不仅传授了民族艺术技能，还为年轻心灵提供了深刻认识多元文化的机遇。

地方高校美育特色课程的魔力不仅在于激发创造力，更在于传承民族文化，将珍贵的遗产托付给新一代。举例来说，在北京师范大学，京剧等传统戏剧形式依然被视为美育课程，将这些宝贵的文化传承给未来的一代。这种传承对于保护和弘扬各个民族的文化具有重要的作用。美育特色课程不仅仅是地方文化的传递者，更是地方文化的生动演绎者。学生通过学习和参与民族舞蹈、音乐和戏剧，赋予自己地方文化传承者与地方文化创作者的双重身份。他们不仅能够表达对不同地域文化的理解和欣赏，同时也通过自身的表演传达文化信息。比如，学生在音乐表演中演奏蒙古族歌曲，将对蒙古族音乐风格的理解融入音符之间，透过音乐传递蒙古族的文化情感和价值观。

美育特色课程还有助于拓展学生的跨文化理解能力。通过学习不同民族的特色艺术形式，学生能够超越文化差异，深刻认知不同民族的共通之处。例如，学生在学习各个民族的音乐时，或许会领略到不同民族的音乐有着共通之处，如对自然、情感和人生的共鸣。这有助于搭建跨文化交流的桥梁，减少不同文化之间的隔阂。

总而言之，美育特色课程在文化传承与生动表现方面起到了至关重要的作用。这有助于文化的传承、跨文化理解和文化多元性的交融，将美育特色课程塑造成为培养未来文化使者的温床，照亮文化前行之路。

（二）促进文化多元性

美育特色课程在促进文化多元性方面扮演着至关重要的角色，激发了学生尊重和欣赏不同文化的内在冲动。通过学习和了解各个民族的舞蹈、音乐和戏剧，美育特色课程为学生打开了通往文化多样性的大门，使他们能够深切认识到文化的绚烂多彩，深入了解各个民族的独特之处，并培养了他们包容和开放的文化态度。这不仅有助于打破文化壁垒，还有助于减少文化偏见和歧视，最终促进多样文化的和谐共存。美育特色课程通过让学生沉浸在各个民族的艺术表现之中，引导他们深刻认知文化的多样性。举例来说，学生可能会在一堂课上了解到新疆维吾尔族的舞蹈，接着在另一堂课上探究藏族的音乐，再欣赏京剧等中国传统戏剧。这些多元的文化形式展示了不同民族的特点和文化背景。学生逐渐认识到文化不是单一的，而是由众多元素交织而成的丰富多彩的系统，其中每个元素都承载着独特的历史和情感。美育特色课程的核心价值之一是培养学生包容和开放的文化态度。通过学习和体验多样的文化艺术形式，学生被鼓励接纳不同文化的存在，并欣赏其独特性。

地方高校美育特色课程在消除文化偏见和歧视方面发挥了关键作用。学生通过深入了解不同文化，逐渐认识到每种文化都有其存在价值和独特之处。这有助于避免以偏概全，减少对其他文化的刻板印象和歧视态度。美育特色课程最终促进了多样文化的和谐共存。学生在课堂上学到的不仅仅是技能，更是对文化的尊重和理解。他们将这种尊重和理解带回社会，与他人分享，促进了文化的交流、交融。这有助于建立一个更加包容的和谐社会，一个每个人都可以为自己的文化感到骄傲，同时也尊重和欣赏其他文化。

总之，地方高校美育特色课程以其独特的力量在促进文化多元性方面贡献良多。它通过文化艺术的学习和表演，培养学生的文化敏感性，鼓励尊重和包容，消除文化偏见和歧视，最终促进文化多元性的和谐共存，为构建一个更加繁荣的社会贡献了宝贵的力量。

（三）加强交流与合作

美育特色课程为学生提供了一个独特的平台，这有助于促进不同文化背景的学生之间的交流和合作。在美育特色课程中，学生通常需要协同合作，这需要他们跨越文化差异，相互倾听和理解，共同融入各自的文化元素，从而促进不同文化的交流和融合。在美育特色课程中，学生常常发现自己需要与来自不同文化背景的同学紧密合作。以一场学生音乐会为例，学生可能来自不同国家或地区，具备不同的音乐传统和风格。为了创造出一场独特而和谐的音乐表演，他们必须共同协作，学习如何融合各自的音乐元素。这个过程不仅加强了学生之间的团队合作技能，还促进了文化之间的深度交流，培养了跨文化的理解。

美育特色课程的一个关键方面是将不同文化的元素融合到创作中。例如，一场戏剧表演可能会融合中国京剧的唱念做打、西非的鼓乐和南美洲的舞蹈元素，创造出充满活力和创意的演出。在这个过程中，学生需要学会尊重和理解各自的文化元素，以创造具有跨文化影响力的表演。这种融合不仅丰富了艺术作品，还加深了学生对不同文化的理解和尊重。美育特色课程促进了文化的交流与融合，为学生提供了一个全新的视角。学生通过创作和表演跨文化作品，不仅展示了各个文化的独特之处，还将这些元素融合在一起，创造出充满创意和情感的表演作品。这种文化的交流与融合有助于强化学生的文化认同感，同时也促进了跨文化对话和理解，为构建一个更加和谐的社会奠定了坚实的基础。

地方高校美育特色课程不仅仅是一种艺术学习，更是一种跨文化的交流和合作的机会。通过学习、交流与创作，学生能够跨越文化差异，与他人建立联系，共同创造出令人振奋的艺术作品。这不仅有助于培养学生的团队合作能力，还促进了不同文化之间的深度交流和融合，为文化多元性的共存创造了更加光明的未来。

（四）深化理解和认同

地方高校美育特色课程是一扇通向多元文化的神奇之门，它唤醒学生对不同文化的深刻理解和认同。这是一场充满情感共鸣的心灵之旅。通过特色课程，学生不仅提升了审美修养，而且与各个民族的文化背景、价值观和历史传统相融合，培养了对这些文化的真挚认同感，这是真正的文化融合。通过深化对不同文化的理解、亲身体验，学生建立了更深层次的文化认同感。这不仅拓宽了他们的视野，也为跨文化交流和理解奠定了坚实的基础。

（五）文化传承与发展

美育特色课程如同一片肥沃的土壤，培育着各个民族文化艺术形式传承与发展。这是一场将过去和未来紧密相连的旅程，为了保护和弘扬各个民族的文化遗产，美育特色课程提供了新的机会，将学生的兴趣和技能与传统文化融为一体。

举例来说，学生在美育特色课程中可能会沉浸在中国画的艺术世界中。通过学习古代绘画理论与技法，他们不仅仅在审美上有所提升，更是体验到了传统文化的深厚内涵。这些学生可能会在日后的创作中加入现代元素，创造出融合传统与现代的艺术作品。这种融合不仅为传统文化注入新的活力，还使年轻一代更易接受和喜爱传统艺术。

美育特色课程鼓励学生深入探索各个民族的文化艺术，从而传承并弘扬这些宝贵的文化遗产。学生可能会学习到民间传说、传统音乐、手工艺品制作等与特定文化密切相关的技能。通过这些学习体验，他们将继承并传播这些宝贵的文化元素，确保这一宝藏不会因时间的推移而失落。美育特色课程并非停留在传统的模仿，而是鼓励学生融入自己的创造力和创新思维。这种创新不仅为传统艺术注入新的生命力，也吸引着更广泛的受众，延续了文化的影响力。

美育特色课程将文化传承视为一项重要的使命，通过培养学生的兴趣和技能，为文化传统的传承奠定了坚实的基础。这些学生将成为文化守护者，不仅传承着祖辈的智慧，还在创新中将文化传统传递给下一代。因此，美育特色课程不仅仅是技能的培养，更是文化传承的一场精彩演出，连接着过去和未来，将丰富多彩的文化遗产传递给新的时代。

第二章
地方高校美育特色课程建设的意义与价值

第一节　美育特色课程在地方高校的意义

一、校本课程的创意绽放

目前，学术界对于校本课程的定义尚未达成一致意见，这一领域涌现了各种不同的观点和定义。众多学者从各自独特的学术角度和研究方向出发，试图为校本课程下定义。然而，尽管存在多样性，但整体趋势表明，校本课程不应被简单地视为某种特殊的教学内容，而应该被看作学校在课程开发与管理方面扮演主导角色的综合称谓。当前，我国的基础教育课程体系分为三个层级，即国家课程、地方课程和校本课程。在这三个层级中，校本课程在一定程度上被认为是学校对国家课程和地方课程进行的自主化和适应性改造的体现。这意味着学校有着更多的自主权，能够根据本校实际情况调整和改进课程，以更好地满足学生的需求，并使教育更具本土性和灵活性。学者们的不同观点体现了对校本课程本质的深刻思考，因为校本课程不仅仅是一门课程，更是一种教育理念和实践方式。这种自主化的课程设计可以更好地适应学校特有的教育环境，使教育更加个性化，贴近学生实际的学习需求。因此，在未来的发展中，对校本课程的深入研究和明确定义将为我国教育体系的持续改进提供有益的参考。

例如，中央戏剧学院开设了以艺术教育为核心的课程模块，旨在培养学生的审美意识和艺术表达能力。在这个课程模块中，学生不仅学习绘画、音乐、舞蹈等艺术形式，还通过实践活动，如美术创作、音乐表演等，进行艺术实践和创作。学校将美育融入校本课程的各个环节，通过提供丰富多彩的艺术体验，激发学生的创造潜能，培养他们的审美情趣和艺术素养。

校本课程展现出三个显著的基本特征，即"为了学校""在学校中"和"基于学校"。这些特征的集合形成了校本课程的独特本质，从而赋予其在教育体系中独特的地位。校本课程的"为了学校"意味着其立足于具体学校的实际现状。这一特征使得校本课程直面教学中存在的实际问题，将问题解决作为首要目标。通过这种目标导向的方式，校本课程能够更精准地满足学校师生的需求，真正解决在实际教育过程中遇到的具体问题。校本课程的"在学校中"特征强调了学校自身的主导作用。这意味着课程的开发、管理和改革是在学校自身的力量和资源的基础上进行的。这种自主性有助于确保课程的实施更贴近学校的实际情况，更符合学校的办学理念和目标。校本课程的"基于学校"特征要求深入了解学校师生的真实需求，并设计有针对性的课程改革方案。这种基于实际需求的个性化设计使得校本课程更加贴近学生的学习特点和教师的教学风格，为实现更高效的教育提供了坚实的基础。

总体而言，这三个基本特征共同构成了校本课程的特性，使其在教育领域中具备了更为灵活、适应性强的特质，为学校提供了更大的教育自主权和管理灵活性。

综合来看，校本课程的发展方向主要可分为两大类：其一是对国家课程和地方课程进行"校本化"改造，旨在使这些课程更符合本校的实际情况和需求。其二是基于学校自身及所在地区的资源，着眼于开发和设计全新的课程，以更好地满足学生的学习需求和应对不断变化的教育环境。

在第一类中，校本课程通过对国家和地方课程的调整和改进，实现了更贴近学校特色的课程内容构建。这种校本化改造旨在确保课程与学校实际状况相契合，使得教学更有针对性和实效性。同时，这也意味着学校在实践中能够更好地适应国家和地方的教育政策，同时保持一定的灵活性。

在第二类中，校本课程侧重于依托学校自身及所在地区的资源，通过创新性地开发设计，打造全新的课程体系。这种方式旨在通过充分利用学校及周边环境的资源，提供更具地方特色和创新性的学科内容，从而拓展学生的知识领域。

校本课程的形式具有多样性，包括传统的课堂授课模式，还包括系列讲座、主题课外活动、网络课程等。这种多样性不仅有助于满足学校师生的多层次需求，还提高了教学的灵活性和适应性。通过这些不同形式的课程设计，学校能够更全面地促进学生的综合素养和个性化发展，使教学更贴近实际、更具有启发性。

二、才华与潜能的发掘

"美"是一个广泛而丰富的概念，它不仅仅是外貌上的美丽，更是一种内涵的灵魂之美。地方高校美育特色课程作为教育创新发展中的一部分，旨在培养学生的审美情感、创造力和文化素养，同时也扮演着潜能发掘的角色。地方高校美育特色课程对学生才华与潜能的发掘产生积极影响，从而使学生更全面、更富创造力、更具竞争力。

地方高校美育特色课程，作为一门具有深刻文化内涵的学科，旨在引导学生发现美、感受美、创造美。它包括绘画、音乐、舞蹈、戏剧、文学等多个领域，为学生提供了广泛的审美体验和创作机会。美育并不仅仅是一种技能的教育，更是一种心灵的磨砺。美育特色课程通过培养学生的审美情感和创造力，为他们潜能的发掘铺平了道路。

审美情感是人类独有的心灵财富，它是人们感知、欣赏和理解美的能力。地方高校美育特色课程通过对各民族艺术形式和民族文化传统的介绍和探索，帮助学生培养更加敏锐的审美情感。美育特色课程就是这面明镜，它使学生的审美眼光更加独到，让他们能够更深刻地感受到身边的美好，这对于潜能的发掘至关重要。在美育的熏陶下，学生不仅可以欣赏到艺术作品的外在之美，还能够领悟到其中蕴含的深刻内涵。比如，在欣赏一幅画作时，学生可以通过解读画家的情感和意图，拓展自己的思维和情感表达能力。这种审美情感的培养不仅有助于提高学生的情商，还能够激发他们的创造潜能，促进各领域的发展。

创造力是个体发展的核心要素之一，它是社会进步和文化繁荣的源泉。地方高校美育特色课程为学生提供了一个自由发挥创造力的空间。在美育的指导下，学生可以通过自己的想象力和创造力，创作出独一无二的作品，不仅仅是艺术作品，还包括文学作品、音乐作品等。这种创造力的激发有助于学生发掘自身的才华和潜能。

地方高校美育特色课程还能够培养学生解决问题的能力，因为专业实践过程中常常伴随着各种挑战和困难。学生需要不断地思考和尝试，找到解决问题的方法。这种能力在学生未来的职业生涯中也是非常重要的。美育特色课程锻炼了学生的坚韧品格和创新思维，使他们更有竞争力。

地方高校美育特色课程不仅仅是对民族艺术形式的介绍，更是对民族文化传统的传承和发展。通过学习不同文化的艺术表达方式，学生可以拓展自己的视野，增进对多元文化的理解和尊重。美育特色课程使学生能够吸收各种文化的精华，形成自己独特的文化素养。文化素养不仅有助于学生更好地融入社会，还有助于他们更好地理解和解决社会问题。在全球化时代，具备跨文化的视野和敏感性是非常重要的素质。地方高校美育特色课程培养了学生的跨文化沟通能力，使他们更具国际竞争力。

综上所述，地方高校美育特色课程在多个层面上有助于学生才华和潜能的发掘。通过培养审美情感，学生能够更深刻地感知美的存在，从而更好地发掘自己的内在潜能。通过激发创造力，学生可以充分展示自己的才华，实现自身的发展目标。通过提升文化素养，学生能够更好地适应多元文化社会，拓展自己的发展空间。在地方高校美育特色课程的指导下，学生可以不断地挖掘自己的潜能，不断地超越自己的极限。美育特色课程给予学生充分的启发和鼓励，使他们能够在梦想的道路上越走越远。地方高校美育特色课程是教育改革中不可或缺的一部分，它不仅培养学生的审美情感、创造力和文化素养，更是对才华与潜能的发掘产生积极影响的关键因素。通过美育特色课程，学生可以更好地理解世界、发现自己、实现梦想。因此，我们应该充分重视美育特色课程的重要性，为学生的全面发展提供更广阔的舞台，让他们在美的海洋中不断航行，发掘更多的宝藏。只有这样，我们的社会才能更加繁荣，我们的未来才能更加光明。

第二节　地方高校美育特色课程的目标与价值

一、地方高校美育特色课程的目标

（一）培养学生的审美能力

地方高校美育特色课程的具体目标在于培养学生感知美、理解美、欣赏美的能力，提升他们的艺术鉴赏力和审美素养。这一目标的实现不仅有助于丰富学生的文化生活，更能促进他们的全面发展。为此，课程设置应涵盖艺术欣赏、音乐、绘画、舞蹈等多样化的内容，以提供丰富的审美体验。在课程内容的选择上，艺术欣赏课程可以让学生了解不同艺术形式的历史背景、发展脉络和代表作品。通过系统的学习，学生能够建立起对美的基本认知和评价标准。音乐课程则可以通过欣赏和演奏，使学生感受音乐的魅力，理解音乐的结构和表现形式，培养他们的音乐感知能力。绘画课程不仅能提高学生的动手能力和创造力，还能让他们通过色彩和构图的训练，学会观察和表达美。舞蹈课程则通过身体的律动和情感的表达，帮助学生更直接地体验美的动态表现。此外，地方高校还应积极组织学生参加各种艺术展览、音乐会、戏剧演出等活动。通过这些活动，学生可以在实际体验中增强对美的感受和理解。例如，参加艺术展览可以让学生直观地接触到不同风格和流派的艺术作品，激发他们的艺术兴趣和创作灵感。音乐会和戏剧演出则提供了近距离感受艺术表现的机会，学生可以在现场体验到艺术的震撼力和感染力，从而加深对艺术作品的理解和欣赏。通过这些多样化的课程设置和丰富的实践活动，地方高校的美育特色课程能够有效提升学生的艺术鉴赏力和审美素养。在这种环境中，学生不仅能够获得系统的艺术知识，还能通过亲身体验和实践，培养出感知美、理解美和欣赏美的能力。最终，这些美育课程不仅为学生的个人发展提供了重要的支持，还为社会培养出了具有高雅审美情趣和深厚文化修养的优秀人才。

（二）促进学生的综合素质发展

地方高校美育特色课程不仅仅是培养学生的审美能力，还肩负着促进学生综合素质发展的使命。具体目标在于通过美育课程，培养学生的创造力、想象力和创新能力，同时增强他们的文化修养和人文素质，促进其全面发展。这一目标的实现，不仅有助于提升学生的个人素质，更为社会输送高素质的优秀人才奠定了基础。

美育课程能够有效激发学生的创造力和想象力。艺术本身就是一种创造性的活动，通过绘画、音乐、舞蹈等艺术形式的学习，学生可以培养大胆创新的思维方式。例如，在绘画课程中，学生可以通过自由创作来表达自己的独特见解；在音乐课程中，通过创作和演奏，学生能够探索不同的声音和节奏组合，培养音乐创新能力；舞蹈课程则通过身体的自由表现，激发学生对空间和动作的创造性思考。

美育课程还可以增强学生的文化修养和人文素质。艺术是文化的载体，通过美育课程，学生不仅能够接触到我国的优秀传统文化，还能了解世界各地的文化艺术，开阔视野，提升文化素养。例如，在艺术欣赏课程中，学生可以学习中西方艺术史，了解不同文化背景下的艺术风格和创作理念；在戏剧课程中，通过角色扮演和剧本创作，学生能够体验不同的人生境遇和情感世界，从而提升他们的同理心和人文关怀。

为了更好地促进学生的综合素质发展，美育课程应与其他学科相结合，进行跨学科教学。通过这种方式，可以提高学生的综合能力。例如，在美术与历史的结合中，学生不仅可以学习到艺术创作的技巧，还能了解历史背景下的艺术发展；在音乐与数学的结合中，通过研究音乐节奏和旋律的数学关系，学生可以提高对抽象概念的理解能力。跨学科教学不仅丰富了课程内容，还能够激发学生的学习兴趣，提高其整体学习效果。

学校应鼓励学生参与美育相关的社团活动和实践项目，拓展他们的学习和发展空间。通过参加艺术社团，学生可以在集体活动中提高团队合作能力和沟通能力；通过参与社区艺术项目和社会实践，学生能够将所学知识应用到实际生活中，增强解决实际问题的能力。例如，学生可以参加校园艺术节，展示自己的作品和才艺；也可以参与社区美化项目，通过壁画创作和公共艺术活动，为社区增添文化色彩。

总之，地方高校美育特色课程在促进学生综合素质发展方面具有重要作用。通过系统的课程设置和丰富的实践活动，学生不仅能够提升创造力、想象力和创新能力，还能增强文化修养和提高人文素质。在这种环境中，学生的全面发展得到了充分的保障，为他们未来的个人发展和社会贡献奠定了坚实的基础。

（三）培养学生的工匠精神

地方高校美育特色课程在培养学生综合素质的过程中，特别注重工匠精神的培养。工匠精神是一种追求卓越、精益求精的态度和信念，它不仅体现在技术层面的精湛，更体现在对工作的热爱和对责任的执着上。具体目标在于通过美育课程，引导学生追求卓越、精益求精，强化他们的责任感、耐心和细致入微的工作态度。

美育课程中融入工匠精神的培养，旨在帮助学生树立追求卓越的目标。工匠精神强调对工作的高度负责和对细节的极致追求，这种精神在艺术创作中尤为重要。通过美育课程，学生可以学会如何在艺术创作中不断打磨和提升自己的作品，追求完美。例如，在绘画课程中，学生需要不断练习基础技法，反复修改作品，力求每一个细节都达到最佳状态；在音乐课程中，学生需要通过长时间的练习，掌握演奏技巧，追求音符之间的完美衔接；在雕塑课程中，学生需要用心雕刻每一个细微的部分，力求作品的精致和细腻。

为了培养学生的实际操作能力和工匠精神，地方高校可以开设手工艺、设计、制作等课程。这些课程不仅能提高学生的动手能力，还能让他们在实践中体会到工匠精神的核心价值。例如，在手工艺课程中，学生可以学习传统的手工技艺，如编织、刺绣、陶艺等，通过这些实践活动，学生可以深刻理解工匠精神的内涵；在设计课程中，学生可以通过设计和制作各种创意作品，体验从构思到完成的整个过程，感受到工匠精神带来的成就感；在制作课程中，学生可以亲自动手制作模型、雕塑等作品，培养他们的耐心和细致入微的态度。

此外，开展相关的比赛和展示活动，也是培养学生工匠精神的重要途径。通过比赛和展示，学生可以在竞争中不断提升自己的技艺，激发他们的创造欲望和追求完美的态度。例如，学校可以举办校园艺术比赛，让学生展示自己的作品，互相交流和学习；可以组织作品展览，让学生的创意作品得到更多人的欣赏和认可；还可以开展创意设计大赛，激励学生不断创新和挑战自我。通过这些活动，学生不仅可以提高自己的艺术水平，还能在竞争和展示中培养工匠精神。工匠精神的培养还需要注重学生责任感和耐心的培养。在美育课程中，学生需要学会对自己的作品负责，认真对待每一个创作环节，不敷衍了事。例如，在团队项目中，学生需要分工合作，互相配合，承担起自己的责任；在个人创作中，学生需要耐心打磨作品，不断修改和完善，直至达到最佳效果。通过这些实践活动，学生可以培养对工作的责任感和耐心，形成细致入微的工作态度。

综上所述，地方高校美育特色课程在培养学生工匠精神方面具有重要作用。通过设置手工艺、设计、制作等课程，开展相关的比赛和展示活动，学生不仅能够提升实际操作能力，还能在实践中深刻理解和体会工匠精神的核心价值。在这种环境中，学生的责任感、耐心和细致入微的态度得到了充分的锻炼和培养，为他们未来的职业发展和人生追求奠定了坚实的基础。

（四）促进地方文化传承与创新

地方高校美育特色课程在促进地方文化传承与创新方面发挥着重要作用。具体目标在于发掘和传承地方特色文化，将其融入美育课程中，并通过这些课程推动地方文化的创新和发展。这一目标的实现，不仅能增强学生对地方文化的认同感和自豪感，还能为地方文化的持续繁荣和发展注入新鲜活力。

美育课程可以通过开设地方特色艺术课程（如民间艺术、传统工艺等）传承地方文化的精髓。例如，在民间艺术课程中，学生可以学习地方传统的绘画、雕刻、剪纸、刺绣等技艺，了解这些技艺的历史背景和文化内涵；在传统工艺课程中，学生可以亲自动手制作陶艺、织布、竹编等工艺品，体验传统工艺的独特魅力。通过这些课程，学生不仅可以掌握地方特色技艺，还能深刻理解这些技艺背后的文化价值和历史意义，从而增强对地方文化的认同感和保护意识。

为了进一步推动地方文化的创新和发展，地方高校应鼓励学生进行地方文化的研究和创作。通过研究，学生可以发掘地方文化的独特元素和创新潜力，并在此基础上进行创作。例如，学生可以结合现代艺术形式，创作出具有地方特色的绘画、音乐、舞蹈等作品，将传统文化元素融入现代艺术表达中，赋予其新的生命力；也可以通过设计和制作具有地方特色的文化产品，如纪念品、工艺品、服饰等，将地方文化推广到更广泛的市场，促进地方文化的传播和发展。

此外，学校还可以组织学生参与地方文化的相关活动，如文化节、艺术展览、民俗表演等，让学生在实际体验中更深入地了解和感受地方文化。例如，在地方文化节上，学生可以展示自己创作的地方特色艺术作品，与当地民间艺人和文化学者交流，吸取他们的经验和智慧；在艺术展览中，学生可以通过作品展现地方文化的独特魅力，吸引更多人关注和热爱地方文化；在民俗表演中，学生可以参与到传统节庆活动中，体验地方文化的生动表达，增强对地方文化的亲近感和责任感。通过这些活动，学生不仅能丰富自己的学习和生活体验，还能在实践中增强对地方文化的认同感和热爱之情，从而自觉地成为地方文化的传承者和创新者。

总之，地方高校美育特色课程在促进地方文化传承与创新方面具有重要意义。通过开设地方特色艺术课程，鼓励学生进行地方文化的研究和创作，并组织他们参与相关活动，学生不仅能够深入了解和掌握地方特色文化，还能在此基础上进行创新和发展，为地方文化的持续繁荣和发展作出积极贡献。在这种环境中，学生的文化素养和创新能力得到了全面提升，为未来地方文化的传承和发展培养了一批高素质的人才。

二、地方高校美育特色课程的价值

（一）文化传承价值

地方高校美育特色课程在文化传承方面展现出了深远而独特的价值。这些课程不仅仅是艺术教育的载体，更是连接过去与未来的桥梁，它们深入挖掘并融入了丰富的地方文化元素和民族艺术的精髓。在教学过程中，通过实地考察、艺术创作、文化讲座等多种实践活动，学生得以近距离地接触、理解和体验本土文化的独特韵味，这不仅包括传统手工艺、民间音乐舞蹈、戏剧表演等非物质文化遗产，还涵盖了地域性强的历史故事、民俗风情等。这种深入的学习体验不仅有助于保护和传承这些珍贵的文化遗产，避免其在全球化浪潮中逐渐消失，更重要的是，它激发了学生对于本土文化的浓厚兴趣和热爱，增强了他们的文化认同感和自豪感。学生在欣赏和学习传统艺术的过程中，逐渐领悟到文化的连续性和多样性，认识到每一种文化都是人类智慧的结晶，都应得到尊重和保护。

此外，地方高校美育特色课程还成了文化交流的广阔平台，通过举办各类展览、演出和学术研讨会，促进了不同地域、不同民族乃至不同国家文化之间的对话与交流，加深了人们对多元文化的理解和尊重，为构建一个更加开放、包容、和谐的社会文化环境提供了有力支撑。这种文化的传承与交流，不仅丰富了校园文化的内涵，也提升了整个社会的文化软实力。

（二）学生发展价值

美育特色课程在促进学生全面发展方面扮演着至关重要的角色，其深远影响体现在多个维度上。首先，通过参与丰富多样的艺术活动和创作实践，如绘画、音乐、舞蹈、戏剧等，学生的审美能力得到了显著提升。他们学会了欣赏美、发现美，并在创作过程中不断追求美的表达，这种对美的敏感性和鉴赏力是现代社会不可或缺的重要素养之一。同时，艺术活动往往要求学生跳出常规思维，勇于尝试和创新，这极大地促进了学生创新思维的发展。在艺术创作中，学生需要不断尝试新的表现手法、构思独特的创意，这个过程锻炼了他们的想象力和创造力，使他们学会从多个角度观察和理解世界，培养了跨学科的综合素养，为未来的学术研究和职业生涯打下了坚实的基础。

此外，美育课程在团队协作能力的培养上也发挥着重要作用。无论是集体创作还是舞台表演，都需要学生相互协作、共同努力，这不仅能够增强他们的团队意识和合作精神，还能在实践中锻炼他们的沟通能力和组织协调能力。这些能力在未来的社会生活和工作中同样至关重要。

更重要的是，美育课程在缓解学生学习压力、提升其心理健康水平方面也发挥着积极作用。面对繁重的学业负担，艺术活动为学生们提供了一个释放压力、调节情绪的渠道。通过参与艺术活动，学生能够暂时放下学习的重担，享受创作的乐趣，从而有效缓解焦虑和压力，提升心理健康水平。这种积极的心理状态不仅有助于他们更好地应对学习挑战，也为他们终身学习和发展奠定了坚实的基础。

最后，美育通过熏陶和感染，能够帮助学生形成积极向上的人生态度和价值观。在艺术创作和欣赏的过程中，学生能够感受到美的力量，学会欣赏生活中的美好，从而培养出乐观、积极、向上的生活态度。同时，美育课程还注重培养学生的责任感和使命感，鼓励他们关注社会、关心他人，为未来的社会角色和生活方式做好准备。这种全面而深入的影响，使得美育特色课程成为学生成长道路上不可或缺的重要一环。

（三）社会影响价值

地方高校美育特色课程的社会影响价值是多维度且深远的，其重要性不容忽视。首先，从人才培养的角度来看，这些课程致力于培养一批既具备深厚艺术素养又富有创新能力的优秀人才。这些人才在各自的行业领域中，能够巧妙地运用艺术思维来审视问题、寻找解决方案，从而推动相关产业的升级转型和文化创新。例如，在设计领域，他们可能通过独特的艺术视角创造出更具吸引力的产品；在传媒行业，他们可能运用创新的艺术手法提升传播效果，增强信息的感染力。这些艺术素养与创新能力的结合，为经济发展注入了新的活力，促进了文化的繁荣与社会的进步。

其次，美育课程通过举办展览、演出等公共活动，极大地丰富了社区文化生活，提升了公众的艺术欣赏水平。这些活动不仅为社区居民提供了近距离接触和欣赏艺术的机会，还促进了艺术文化的普及和传播，增强了社会的文化氛围。公众在参与这些活动的过程中，能够感受到艺术的魅力，提升个人的审美素养，进而推动整个社会的文明进步。

此外，美育在培养公民责任感和公益精神方面也发挥着重要作用。通过美育课程的熏陶，学生学会了关注社会、关心他人，培养了强烈的责任感和使命感。这种责任感和使命感促使他们积极投身于社会公益和志愿服务活动，为社会和谐发展贡献力量。美育不仅让学生学会了欣赏美、创造美，更让他们懂得了如何将这种美转化为对社会的贡献，从而推动社会的整体进步。

（四）教育改革价值

在教育改革的大潮中，地方高校美育特色课程如同一股清流，为教育体系的完善与创新注入了新的活力，其价值不可小觑。美育课程的开设，不仅是对传统应试教育的一种有力补充和突破，更是对教育目标、内容及方式的一次深刻反思与重构。它强调的不仅是知识的灌输与分数的竞争，更是学生综合素质的全面提升，包括审美鉴赏力、创新思维、情感表达、团队协作等多方面能力的培养。美育的实践探索，为我们提供了更科学、更符合学生成长规律和教育规律的教学方法和评价体系。它鼓励学生主动探索、勇于表达，通过艺术创作、欣赏与实践，激发学生的内在潜能，培养其独立思考和解决问题的能力，从而打破传统教育模式的束缚，推动教育向更加人性化、个性化的方向发展。

美育课程在促进学科交叉融合方面同样发挥着重要作用。艺术不再是孤立存在的学科，而是与科学、技术、人文等领域相互渗透、相互影响，共同构成了一个开放、多元和包容的教育生态系统。美育通过跨学科的项目合作、主题研讨等形式，促进了不同学科间的知识共享与思维碰撞，为学生提供了更为广阔的视野和更为丰富的学习体验。这种跨学科的融合，不仅有助于培养学生的综合素养，也为解决复杂问题提供了更多元化的思路和方法。

更为深远的是，美育的改革与发展对整个教育体系产生了深远的影响。它推动了教育理念的更新，强调了教育的全面性和可持续性，即教育不仅要关注学生的当前需求，更要为其终身学习和发展奠定基础。美育以其独特的魅力，引领着教育体系的变革，促使我们重新审视教育的目的与价值，努力构建一个更加科学、全面、可持续发展的教育体系。在这个过程中，地方高校美育特色课程无疑扮演了至关重要的角色，不仅是教育改革的先锋，更是推动社会进步和文化繁荣的重要力量。

三、创新创业与职业准备

党的十九大报告中指出："中国特色社会主义进入新时代，我国社会主要矛盾已经转化为人民日益增长的美好生活需要和不平衡不充分的发展之间的矛盾。"美好生活，既关乎物质与技术，又离不开精神与智慧。生活要美好，精神、价值、思想、情感的需求不可或缺。对此，创新创业教育不能回避，应该有所作为。如何突破传统观念的固有约束，面向新时代和新矛盾，通过提升大学生创意综合实践能力，有效应对当代创新创业教育的新要求，这是高校美育和实践教学必须直面的重要现实课题。

美好生活离不开美育。在科学昌明、技术盛行、工具理性主宰社会生活的当代，美育的现实意义更加凸显。近年来，国务院、教育部出台一系列文件加强和推进学校美育工作。2018年8月30日，习近平总书记在给中央美术学院8位老教授的回信中，对新时代的美育工作提出殷切期望："做好美育工作，要坚持立德树人，扎根时代生活，遵循美育特点，弘扬中华美育精神，让祖国青年一代身心都健康成长。"美育融入当代学校教育已成为不可逆转的时代趋势。把美育、创意和创新创业教育相融合，为当代大学教育注入了新内涵，开拓了新空间。

西北大学仲夏梦戏剧工作室，是一个年轻的创新创业团队，它在新时代的背景下崭露头角，积极融入特色美育课程。这个工作室依托了西北大学作为一所百年名校的深厚文化底蕴和丰富的校园戏剧资源，于2017年10月入驻西北大学的"三创"空间。随后，于2018年1月，工作室明确了其戏剧美育的新目标，并将原名"吾同"更名为"仲夏梦"，旨在将非职业化戏剧教育与大学生创新创业教育有机融合，开启"戏剧美育，播种梦想"的审美实践探索之旅。

经过近一年的努力，工作室的发展目标和运营机制逐渐明晰，团队成员的创新实践能力不断提升。2018年1月，工作室首次前往西北大学附小，开设了一堂题为"西游与雾霾"的教育戏剧实践课。随后，6月，他们前往陕西大千教育集团旗下的福田万科幼儿园，举办了一场主题为"戏剧美育与创造力开发"的工作坊培训课。在7月上旬的学校实践教学周，工作室在西北大学长安校区的大学生活动中心进行了一堂名为"教育戏剧初体验"的实践公开课。这三次课程都经过仔细的策划和调研，之后还进行了总结和研讨，确保教学过程既严谨又周全。然而，这些只是单节课程的展示，缺乏完善的课程体系。

鉴于此，仲夏梦戏剧工作室抓住了2018年大学生暑期"三下乡"实践活动的机会，成功申请了前往陕南平利县进行扶贫支教项目。这是工作室首次尝试整合资源，实施团队协作的系统工作培训方式，也是一次完备的教学实践活动。这一实践不仅突出了特色美育课程的融入，还为学生提供了全面的审美实践机会。

安康市平利县被誉为"中国最美乡村"，然而，它仍然是一个省级贫困县。在国家脱贫攻坚决战行动中，西北大学结对帮扶这个著名茶乡。2017年6月，全国首个由高校联合地方党委和政府共同成立的社区学院，在平利县城关镇药妇沟社区正式挂牌成立，成了一个充满活力的实验基地。高校在助力地方脱贫攻坚中，通过提供特色美育课程，充分发挥自身的教育教学和人才培养优势，为地方脱贫攻坚工作提供了有力支持，进一步凸显了特色美育课程的重要性。

为了达到帮扶平利县"教育提升"的目标，仲夏梦戏剧工作室团队设计了3天的工作坊培训课程，旨在解决基层教师在戏剧美育和实践教学方面的现实问题。这些课程积极响应了当地基层教育的紧迫需求，融合了时代趋势的教育改革，采用了理论与实践相结合的工作坊模式，强调实际体验和操作，以深入浅出的方式进行了深刻实训。经过培训，来自平利县不同学科的25名教师了解了戏剧美育的基本理念，初步掌握了戏剧教育与多元学科融合的方法。在工作室老师和学生的指导下，学员们自主编导和表演了《手机》《公交车上》和《留守儿童》三部短剧，展示了具有创意和审美价值的戏剧作品，受到观众热烈欢迎。

这一实践展现了特色美育课程的融入，同时为学生提供了全面的审美实践机会。特别是工作室的学生和老师们积极发挥各自专业优势，共同提升了实践教学能力。来自广播电视艺术学专业的硕士和戏剧与影视学专业的本科学生在戏剧教育方面发挥专业知识，而经济学、广告学和管理学专业的学生则在项目管理、宣传组织和实地调研等方面作出了重要贡献。

为了更好地理解和掌握教学内容，指导老师向学生推荐了相关参考书籍，包括《教育戏剧：实践指南与课程计划》《刘若瑀的三十六堂表演课》等。此外，结合2015年国务院发布的《关于全面加强和改进学校美育工作的意见》，工作室还进行了戏剧美育理论与实践的深入讲解和有针对性的实践培训。在培训前，工作室购买了所需的特色道具，如乐器、彩布、玩偶和面具，还设计并制作了结业证书。所有这些工作的精益求精，突出了特色美育课程的质量和教学效果。

通过这次暑期"三下乡"实践活动，特色美育课程不仅展现了其重要性，同时为基层学校的教师提供了及时而深入的培训机会，让他们对戏剧和美育产生了强烈兴趣。这种培训不仅为学校帮扶工作增加了实际价值，也让团队成员在实践中感受到了基层教育工作者对戏剧和美育的需求，同时锻炼了团队的协作精神，提高了学生的创新创业能力。这个案例彰显了特色美育课程的使命，即培养学生的创新思维和问题解决能力，同时为他们未来的职业发展提供关键支持。通过特色美育课程，学生的艺术潜力与职业发展融为一体，为他们创造了充满创新和职业机遇的未来之路。

四、情感表达与心理健康

党的十八大召开以来，党和国家持续关注学校美育工作，中共中央和国务院出台了系列文件，以加强和改进新时代学校美育工作，足以见得美育对于人的全面成长和生存发展的重要作用。

蔡元培在《教育大辞书》中说："美育者，应用美学理论于教育，以陶养感情为目的者也。"美育，就是利用美学相关理论培养人们认识、感受、创造美的能力，从而陶冶我们的情操、培养品格、提升素养，使其向美向上发展。狭义上的美育为"艺术教育"，一般指"美感教育""审美教育""审美观和美学素养教育"等。广义的美育是利用美学基本原理，按照美学原则渗透于其他各个学科教学之后形成的教育。美育的一个重要性质是情感教育，这也让它成为素质教育的重要构成部分。美育作为一种感性教育，或者说趣味教育，主要目的就在于完善人的基本素质，从而实现人类对于自身的美化，拓展个体的精神世界，进而塑造完美的人格，培养全面向美发展的人。美育可以使学生通过观察美的形象，领悟美的内涵，从内心真正地感受到美。同时，在欣赏美的过程中，不仅可以满足学生对于审美更高层次的需要，放松身心，还可以从中受到生活的启迪。

美育的重要性在于它不仅仅是关于欣赏美的教育，还具有深远的心理学价值。在学校中，美育可以起到促进学生心理健康和性格塑造的关键作用。近年来，心理健康问题在学校和社会上引起了广泛关注，特别是青少年普遍面临心理健康问题，如难以应对考试压力、缺乏有效的情绪调节策略、难以与同学和老师进行有效沟通，以及无法妥善处理失败和挫折等。如果学校忽视这些问题，可能会导致学生压力无法释放、沟通困难，这将在学生未来的工作和生活中产生严重后果。

特色美育课程在心理健康教育中具有独特的作用，是学校心理健康教育的重要组成部分。学校应积极推动美育，通过美育培养学生积极乐观的心态，以及应对挫折的能力。美育不仅有助于提高学生的审美能力，还能培养学生的心理素质，帮助他们形成积极、乐观的心态。美育课程通过让学生欣赏自然和艺术中的美，可以帮助他们发展积极的性格和心态。

在欣赏艺术作品的过程中，学生需要理解和思考，这有助于提高他们的感知能力和情感表达能力。此外，美育还可以培养学生的创造力和想象力，促进他们积极思考和解决问题的能力，从而提高心理素质。通过欣赏感人的形象或优美的艺术作品，学生可以培养积极向上的心态和坚韧的品质。美育还可以引导学生热爱艺术，培养审美情趣，促进他们的心理健康发展，培养良好的人际交往能力，认识事物的价值，形成探索新事物的能力和热情，从而增加对新生活的热爱。这些能力和品质反过来又促进了学生审美能力的发展，形成积极、乐观的心态。

特色美育课程在地方高校中尤为重要，因为它可以帮助学生培养创新思维和解决问题的能力，同时也为他们的职业准备提供了重要支持。通过特色美育课程，学生的艺术潜力与职业发展相结合，为他们未来的创新和职业机会铺平了道路。同时，美育还有助于学生更好地理解和应对心理健康问题，使他们能够更好地处理挫折、压力和情感，增强心理素质，形成积极的生活态度。特色美育课程是地方高校特色课程中不可或缺的一部分，有助于培养学生的全面素质和心理健康，为他们的未来成功和幸福生活奠定坚实的基础。

大学生处于从学校到社会的过渡期，教育工作者时刻关注大学生的心理健康，有利于大学生的全面发展，对大学生的人格发展以及步入社会后的交际也有很大的促进作用。将美育与心理健康教育融合，能极大促进大学生的全面发展。当代大学生有着很强的竞争意识，但是当面对陌生人时，又有着强烈的自我保护意识和疏离感，在保守和竞争之间产生矛盾。在大学生中适当开设美育课程，可以缓解大学生内心的自我矛盾和人际交往矛盾，使其在合理的范围内展开竞争，并且能增强大学生的社会性意识，促进社会性发展，使其在步入社会后能与他人合理交往。大学生已经具备一定的探索能力和科研能力，美育可以使学生从科学中感受乐趣，汲取知识，并热爱自己的专业，在汲取知识的同时产生灵感，探寻新的知识。许多大学生在步入校园后对自己的专业知识学习并不感兴趣，也很少在教师讲授之外去进行额外的探索，但是在美育的引导和促进下，学生就会去主动探索知识，美育能够使大学生坚定理想，找到自己的奋斗方向。良好的美育也可以让学生在自身的学习中发现美好的品质，将学到的知识与生活联系起来，从而更加热爱生活，乐于奉献，充满热情和干劲。最为重要的是，美育可以使大学生对自身形成正确的认知，从而塑造美好的人格，实现全面自由的发展。

美育作为"五育并举"的重要组成部分，在整个教育体系中具有不可替代的地位。它不仅有助于培养学生的审美能力和文化素养，更能激发学生对知识和专业的热爱，以及对自己民族文化和民族精神的热爱。具体而言，美育与心理健康教育密不可分，因为美育不仅具有深厚的文化内涵，还承载着重要的心理学价值，为学生的心理健康提供强有力的支持。美育活动的开展对各个学段的学生都产生了深远的影响。学生的健康心理、良好性格、积极乐观的生活态度，乃至完善的人格塑造，都离不开美育的积极引导。通过在轻松愉快的环境中学习知识，学生能够更好地发展思维，增强创造力和发散思维的能力，从而在学科学习中取得更好的成绩。在美育的推动下，教师需要充分考虑不同阶段学生的心理发展特点，将美育与各个学科融合,使美育的价值体现在学习与生活的方方面面。教师可通过有针对性的科学方法将美育与心理健康教育相结合,及时有效地引导学生的心理状态,发现并妥善疏导学生的不良情绪。这种结合也有助于学生在轻松的氛围中学习,减轻学业压力,培养学生积极乐观的性格,提高他们应对挫折的能力。通过这一过程,为学生未来的全面发展奠定良好的基础。

五、全球视野与文化拓展

美育特色课程不仅是审美的培养,更是跨越国界、拓展文化视野的桥梁。深入探讨美育特色课程在促进全球视野和文化拓展方面的作用,从不同角度探索美育特色课程的重要使命以及对个体和社会的深远影响。

美育特色课程在全球视野中起到了关键作用。学习不同文化的艺术传统和审美观念,让学生更好地理解多元文化。正如中国古代名言所说"读万卷书,行万里路",美育特色课程为学生提供了一种深入了解世界各地文化的途径。通过欣赏来自不同国家和地区的艺术作品,学生能够打开心扉,拥抱多元文化,建立全球视野。

美育特色课程还通过国际交流和合作项目,使学生能够亲身体验不同国家和地区的艺术氛围。这种互动和沟通有助于打破文化隔阂,促进不同文化之间的理解与尊重。美育特色课程的全球视野使学生不仅仅关注自己所处的文化圈,更能够参与全球性的对话,成为具有国际背景的"全球公民"。美育特色课程不仅仅是对艺术技巧和表现形式的传授,更是对文化传统和价值观的传承与拓展。通过深入研究各种艺术形式,学生能够了解不同文化的思维方式、信仰体系以及历史演变。

美育特色课程还促使学生对自己的文化产生更深刻的认知。通过比较不同文化之间的异同,学生能够反思自己的文化传统,从而更好地传承和发展。美育特色课程的文化拓展使学生成为文化的传承者和创新者,为文化的繁荣作出贡献。美育特色课程不仅仅可以提高学生的内在修养,更是社会的一面明镜。通过学习和实践,学生能够将美育特色课程的精华传递给社会,推动文化的互动与融合。

美育特色课程也为国际交流与合作提供了契机。学生可以通过国际艺术展览、文化交流项目等渠道,与来自不同国家和地区的人们分享自己的创作和观点。这种互动不仅促进了艺术的发展,也加深了国际友谊和合作。

美育特色课程的全球视野和文化拓展为国际社会的和平与繁荣作出了积极贡献。美育特色课程对个体的发展有着深远的影响。美育特色课程培养了学生的审美情感，通过欣赏和创作艺术作品，学生能够培养自己的审美眼光，更好地感知和理解美。这种审美情感不仅在艺术领域有用，还能够渗透到生活的方方面面，从而提高个体的生活质量。

美育特色课程培养了学生的创造力。创造力是未来社会中最重要的素质之一，它不仅在艺术领域有用，还在科技、商业、社会等各个领域具有广泛的应用。美育特色课程通过鼓励学生追求独特的创意和表达方式，锻炼了他们的创新思维和解决问题的能力。此外，美育特色课程培养了学生的文化素养。文化素养是一个人综合素质的体现，它包括对不同文化的理解和尊重、多元文化的视野以及跨文化的沟通能力。这些素质不仅有助于个体的全面发展，还使他们更容易融入国际社会。美育特色课程不仅对个体有益，也对整个社会产生深远影响。美育特色课程丰富了社会文化内涵。艺术作品是文化的载体，它们反映了社会的价值观念、历史和精神面貌。美育特色课程促进了社会的创新和进步。创新是社会发展的驱动力，而美育特色课程是培养创新思维和创意的重要途径。通过培养具有创造力的人才，美育特色课程有助于社会在科技、经济、文化等各个领域取得更大的成就。美育特色课程促进了社会的和谐与文化的多元化。通过深入了解和尊重不同的文化，社会能够营造出更加包容和和谐的氛围。美育特色课程也可以作为跨文化交流的桥梁，促进不同文化之间的互动与合作。

美育特色课程对于全球视野与文化拓展有着深刻的影响。它不仅帮助个体拓宽文化视野，更为社会的发展和进步注入了新的动力。美育特色课程通过培养全球视野、拓展文化、促进社会和谐等多方面的作用，为个体和社会的繁荣与进步作出积极贡献。

第三节　地方高校美育特色课程的使命

一、环境美育融入审美，提升感知能力

当谈到地方美育特色课程时，环境美育便成为一个具有重要意义的教

育领域。环境美育与传统的艺术美育有所不同，它不是以艺术作为审美的中心，而是围绕着自然环境展开的一种切身性审美教育。这类课程旨在唤醒人们对环境的审美感知，通过科学认知与亲身体验自然环境来改善人与外部世界的关系。

地方美育特色课程可以结合环境美育，使学生深入体验当地环境的审美魅力。通过了解和欣赏当地自然环境中的独特之处，学生能够培养对当地环境的感知能力和情感认同能力。这种特色课程可以配合地质学、生态学等知识，让学生直观地感受和探索当地环境，从而提升对环境的整体感知和欣赏能力。

环境美育的兴起是对艺术美育进行理论反思的结果，使审美教育的范围不仅限于艺术范畴。这也为地方美育特色课程提供了创新方向，从传统的艺术审美拓展到对当地环境、自然美的认知与感知。通过专门针对当地环境的美学课程，学生可以更全面地理解和欣赏本地自然风光，从而建立起与家乡环境的联系，进而促进本地文化的传承和发展。这种特色课程也可以帮助学生对地方环境进行科学认知，让他们了解所审美的自然不是一个孤立客体，而是整体环境的一部分。因此，地方美育特色课程结合环境美育，致力于培养学生全方位的感知，让他们更加融入并理解家乡环境的美与价值。

不同于艺术美育，环境美育具有更广泛的学科交叉性与更鲜明的实践性。从教育层面来说，环境美育提供的是科学认知自然环境的系统性知识；从审美体验层面来说，环境美育注重人在审美中对环境的介入。

地方高校美育特色课程中，环境美育部分强调了科学知识在审美教育中的至关重要性。在过去的以艺术为中心的审美教育中，通常强调个体的审美态度，鼓励学生摆脱理性知识的束缚，专注于艺术作品的形式，以实现审美愉悦和精神上的超脱。然而，环境美育的方式与传统的审美教育模式形成了鲜明的对比。环境美育要求我们打破以往排斥知识性的审美规范。自然环境是分散的，与艺术作品的形式结构截然不同。为了使环境审美体验不至于变得杂乱无章和表面化，我们需要运用科学知识对这些体验进行整理和加工。

举例来说，当人们欣赏自然环境中的动物或植被时，他们的审美体验将取决于他们是否具备与之相关的科学认知。对自然环境中的生物有深入了解的人可能会拥有更富内涵的审美体验，因为他们知道这些生物的生态地位、行为习性以及演化历史。因此，在环境美育中，我们需要将自然环境与生物学、地质学、生态学以及自然历史等领域的知识结合起来。只有通过清晰的科学认知，我们才能够对周围自然世界形成更准确和深刻的审美认知。

环境美育强调审美中人与环境的深入互动。传统的艺术审美通常发生在特定场所，如美术馆、音乐厅或博物馆，旨在将审美经验与日常经验分离开来。在这种情境下，欣赏者通常需要剥离日常经验的功利性束缚，以一种审美的、独立的、静观的态度来自由地欣赏艺术作品。然而，环境美育走出了这种以视听为高级感官的静观式艺术审美的范畴，更适应开放、广阔和自然环境的特性。在环境审美中，个体身处自然环境之中，自然环境成为他们身边的一部分。这要求审美主体与环境融为一体，通过实际的感知和身体的参与来深刻体验环境美。

这种介入式的环境美育也打破了传统艺术审美中感官等级制的约束，全方位调动了身体感官系统。自然环境不同于艺术品，它本身包含了多重审美特性，如颜色、声音、香气、触感等。这些多重审美特性需要全面介入感官系统才能够被充分体验。环境审美体验是以人与周围事物的联动为中心，形成一种知识性的认知与多感官联动体验相结合的综合性感知。这种注重身体介入的环境美育，能使人对自然环境有更加全面的认知和更切身的感知，从而有助于改善人与自然环境的关系。这一理念在美育特色课程中扮演着重要的角色，促使学生更好地理解和欣赏自然环境的美，同时加深了他们与环境之间的联系。它作为一种全新的美育方式，引导人们深入自然环境，以生动、直观的方式感知和体验自然之美。与传统的审美教育方法相比，环境美育具有独特的优势和现实价值，因此，将环境美育纳入美育特色课程中具有重要的时代意义。

环境美育纳入美育特色课程有助于弥补传统审美教育的不足。传统审美教育通常侧重于学习或欣赏特定门类的艺术，有时过于注重实践技能，有时则过于强调静观体验，使得艺术美育的有效性受到限制。与之不同，环境美育纳入美育特色课程，以实际体验和知识传授相结合的方式，促使学习者在感性和理性之间实现平衡和协调。当个体身临自然环境，用全方位的感官去亲身感受、品味自然之美时，他们将更深入地领悟到"以天地万物为一体"的审美体验,这将有助于完善其人格。

环境美育纳入美育特色课程有助于促进人与自然的和谐关系。通过环境美育,个体在欣赏自然之美时会深刻认识到他们需要融入当地自然环境之中。这种亲近与互动使个体与自然融为一体,从而加强了他们与自然的紧密联系,培养了他们对自然的依恋、热爱和尊重。这些情感反过来会促使个体更加自觉地行动,积极维护和保护自然环境,使其反感那些破坏环境的行为。因此,环境美育有助于形成更加亲近、友好和可持续的人与自然关系。

环境美育纳入美育特色课程有助于塑造新时代生态文明的审美观。生态文明审美观将生态问题纳入美学范畴,其核心在于尊重和欣赏生态系统。它不是仅将单一客体孤立出来赋予美感,而是通过整体生态系统来感知美。环境美育纳入美育特色课程的特点是将整体自然环境视为审美对象,体验人与环境的统一和多维度联系,体现出生态智慧。通过环境美育纳入美育特色课程的引导,个体能够更深刻地认识到他们不再是孤立的个体,而是整个生态系统中的一部分。这种意识将影响他们的决策,不仅考虑自身的利益,还会关心生态环境的审美价值。因此,环境美育有助于培养社会整体的生态文明审美观,最终造福整个社会和世界。这一理念在地方高校美育特色课程中发挥了关键作用,使学生更好地理解和欣赏当地自然环境的美,并加深他们与当地环境的联系。

二、培养审美情操,丰富人生内涵

正确的审美观念在构建个体基础价值观的过程中扮演着至关重要的角色。如莫奈所言,艺术不仅是外在的形式,更是一种内在的感受。尤其对于艺术类专业而言,审美观念不仅是纯粹的艺术鉴赏,更是对生活、文化、人生的审视、赞美、体验和创造情怀的升华。在地方高校的美育课程中,培养学生正确的审美情操被视为至关重要的一环,因为这不仅关系到学生的职业生涯发展,同时也为他们的艺术修养提供了坚实保障。

在当前激烈竞争的高校教学环境中,地方高校特别关注培养学生的审美情操。通过审美的学习,学生可以更深刻地表达出自己内心深处的情感和思想。学校致力于调动学生艺术感悟的积极性,唤起他们强烈的求知欲。在这个过程中,培养学生的兴趣、信念、愿望等成为地方高校育人宗旨的重要组成部分。求知欲，即学习的需求，与审美需求一样，被视为人性本源情操发展的重要动力。

地方高校对学生在学习艺术过程中的主动性提出了更高的要求。学生应主动察觉自己对某种专业知识的欠缺，并努力通过学习提升自身的心理素质。在这一过程中，学生的学习欲望和审美需求相互交织，促使他们积极参与到教与学的互动中。这种互动是启发式培养和审美需求契合的机动性前提，为学生提供了更广泛、更深入的学习体验，进一步丰富了他们的审美情操。

三、培养综合艺术素养，提升整体审美能力

美育不仅仅是培养个体的审美能力，更是培养其综合艺术素养。它为学生提供了一个深入艺术世界的机会，使他们在美的殿堂中获得启发与提升。

美育特色课程通过多种形式的艺术体验，帮助学生培养多层面的艺术素养。百闻不如一见，亲身体验艺术作品能够深刻地触动人心。学生在美育特色课程中不仅仅是通过书本和图片了解艺术，更是通过亲身参与、观赏和创作来感受艺术。绘画、音乐、舞蹈、戏剧等不同艺术形式都为学生提供了广泛的选择。学生可以通过绘画感受色彩和形式的美，通过音乐感受旋律和和声的魅力，通过舞蹈感受身体的表达和韵律的动感，通过戏剧感受角色的演绎和情感的传递。这种多层面的艺术体验让学生在不同领域中获得丰富的艺术启发，培养了他们的多元素养。

美育特色课程不仅仅是艺术欣赏和模仿，更是创造力的激发和培养。艺术是创造的过程，而美育特色课程鼓励学生参与到创作中去。创作是思想的飞翔，创作作品是表达个体思想和情感的一种途径。学生通过美育特色课程学会构思、设计和创作作品，这锻炼了他们的创造力和解决问题的能力。这种创造性的过程不仅在艺术领域有用，还能够在生活的方方面面产生积极的影响。

美育特色课程培养学生的审美情感，使他们更加敏感于美的存在。审美情感是一种独特的感知方式，它让人们能够欣赏和理解艺术作品中的深层次内涵。眼睛见证美，心灵感悟美，美育培养学生用眼睛感知美，用心灵体验美。学生通过美育特色课程学会观察、分析和解读艺术作品，从而

提高了他们的艺术鉴赏能力。他们能够识别不同艺术流派和风格，理解艺术家的创作意图，体验艺术作品背后的文化内涵和历史内涵。这种审美情感的培养不仅让学生更深刻地欣赏艺术，丞使他们在生活中更加敏感于美的存在，提高了生活质量。

美育特色课程不仅仅是艺术本身的学习，更是对文化的理解和拓展。艺术是文化的一面镜子，通过艺术作品，人们能够了解不同文化的历史、价值观念和情感表达方式。通过美育特色课程，学生有机会深入研究不同文化的艺术传统和经典作品。他们可以欣赏到中国的山水画、日本的浮世绘、欧洲文艺复兴等不同文化的艺术珍品。这种跨文化的体验让学生的文化视野得以拓展，更好地理解和尊重多元文化。

美育特色课程对于培养学生的综合艺术素养起到了不可或缺的作用。它通过多层面的艺术体验、创造力的激发、审美情感的培养以及文化理解的拓展，丰富了学生的艺术知识和体验，培养了他们的多元素养。美育不仅仅是一门课程，更是一种生活态度、一和对美的追求，它为学生的综合艺术素养的提升和个人成长提供了宝贵的机会。

第三章
地方高校美育特色课程的设计原则

第一节　地域文化与创新相结合的课程设计原则

一、地域文化与创新的定义

地域文化与创新的定义涉及中国特有的文化传统和地理背景，对于美育特色课程的设计来说，这一概念意味着设计者必须深刻考虑本土文化的独特性，将其融入课程中，以培养学生对地方文化的理解和热爱。在中国，地域文化通常指在特定区域源远流长、独具特色、仍然发挥作用的文化传统。这包括生态、民俗、传统和习惯等文明表现，形成了地域的独特性。

首先，地域文化的"地域"是指文化形成的地理背景，这一背景可能覆盖整个地区，也可能局限于某一个具体的小范围内。这种地域性使得文化具有明显的区域特色，打上了地域的烙印。其次，地域文化中的"文化"可以是单一要素，也可以是多种要素的复合体。中国的地域文化丰富多样，如敦煌学、藏学、徽学等，各有独特之处。地域文化则进一步划分为新疆的荒漠-绿洲文化、内蒙古的草原文化、东北的黑土地文化等不同的文化类型，每一种都蕴含着深厚的历史和独特的表现形式。

在美育特色课程设计中，考虑到地方高校的文化特色，必须紧密依靠中国地域文化。这意味着美育课程应当以地域文化为根，通过深入挖掘和理解当地的文化传统，创新出更适应学生成长环境的课程内容。美育特色课程需要在地域文化的基础上生长，将地域文化的精髓融入其中，以培养学生对本土文化的认同感和独特的审美观为目标。

因此，美育特色课程的创新需要建立在对地域文化的深刻理解的基础上，通过挖掘和表达地方文化的独特之处，为学生提供更丰富、更具地域特色的美育体验。这种创新不仅仅是对传统文化的传承，更是在传承的基础上赋予其新的内涵，使之更好地适应当代学生的需求和发展。

二、地域文化对于课程设计的指导

（一）丰富课程资源

1.地域文化与课程资源融合

地域文化是一个广泛而深刻的概念，包含了社会意识形态、生产生活等多个方面，展现了各个地域独有的文化面貌。将这种独特性有机融入艺术院校的课程资源中，是为了使课程更加贴近地域文化的精髓。首先，地域文化在社会意识形态、生产生活等领域涵盖使得课程能够更全面地反映当地的文化特色。这种融合不仅能够使课程具有本土特色，更能使学生在学习过程中更好地理解和体验当地的文化传统。地域文化的融合也体现在课程资源的内容和形式上。每个地域都有其独特的文化元素，包括语言、习俗、传统工艺等，这些元素都可以被纳入课程资源中，使学生在学习过程中不仅获取专业知识，还能够深入了解当地的文化内涵。通过在课程中嵌入地域文化的特色，课程资源得以更加生动有趣，引发学生的浓厚兴趣。这种融合不仅有助于真实地反映课程开发和建设的需求，还为学生提供了一种深度融入当地文化的机会。学生通过参与这样的课程，能够更加全面地认识和理解自己所处地域的文化底蕴，从而提高其人文素质和艺术素质。

2.地域文化促进课程目标定位

地域文化作为课程资源的来源和必要条件，在课程目标的定位中发挥着关键作用。首先，地域文化为艺术院校的课程资源整合提供了独特的形式和内容。通过深度融入当地文化元素，课程资源能够呈现出鲜明的地域特色，使得课程目标在特定地域背景下更为明确和具体。这种地域文化的定位有助于为课程设计提供整体框架。在明确了地域文化的影响后，课程设计者能够更好地把握课程的方向和要求，确保课程目标与地域文化的融合更为紧密。这不仅有利于提高课程的针对性，也使得学生更容易理解和接受课程的核心理念。在实施过程中，地域文化还能够起到控制与调整课程目标的作用。因为地域文化是一个动态的、与时俱进的元素，它能够反映当地社会发展和文化演变。通过对地域文化的不断观察和分析，可以及时调整课程目标，使之更贴近实际需求，保持课程的时效性和灵活性。

3. 地域文化促进课程资源整合

通过从地域文化的角度进行课程资源整合，使地域文化与实际训练目标有机结合。这种融合有助于实现课程的文化内涵与价值。地域文化不仅为课程注入了独特的文化元素，更使得课程在培养学生文化素养方面有了更为深远的影响。地域文化的整合也有助于开阔学生的艺术视野。通过接触和理解当地的文化传统，学生能够更全面地认知艺术的多样性，从而拓展他们的艺术眼界。这种开阔的艺术视野不仅对学生的专业发展有积极的影响，也为他们更好地融入社会和参与文化交流提供了有力的支持。这种整合同时使课程更具有学科间、跨领域的特色。地域文化的综合性使得课程资源更加丰富多元，有利于提高学生的综合素养和跨学科能力。这不仅有益于学生的综合发展，也为未来的职业发展奠定了更为坚实的基础。

4. 地域文化促进课程资源调整

地域特色课程资源的开发为教师和学生赋予了更多的主动权。教师和学生通过深度参与课程资源的整合，能够更全面地了解课程的实施情况，及时提出建议和调整方案。这种参与不仅使课程的开发更加民主化，也使其更具有科学性。教师和学生在课程资源的调整过程中能够不断反馈，形成良性循环。他们能够深度参与课程资源的监督和评价中，使得课程开发更加科学、更加符合实际需求。这不仅提高了课程的质量，也增强了学生的参与感和满意度。这种民主化和科学化的课程开发模式也促进了创新。通过深度参与课程资源的整合，教师和学生能够发现问题并提出创新性的解决方案，推动课程不断更新和进步。这种不断创新的过程使得地域特色课程资源更符合当代需求，更具有前瞻性和可持续性。

（二）充实课程内容

1. 解决专业化过于突出的问题

当前艺术院校课程改革中普遍存在的问题是课程内容过于专业化，过度注重技能培养，而忽视了艺术所传递的情感、文化和内涵。地域文化作为课程资源的优势之一，为解决这一问题提供了有效途径。通过充实课程内容，融入地域文化元素，可以打破过于专业化的桎梏，使课程更具有广泛的文化内涵，使学生在技能培养的同时，能够更全面地体验艺术的情感与文化价值。地域文化的优势在于易于被教师和学生理解，形成独具特色的课程文化。通过在课程中融入当地的文化元素，学生更容易理解和接受，同时也激发了学生对本土文化的浓厚兴趣。这种独特怑不仅能够改变课程内容过于单一的问题，还能够使课程在学生中建立独特的文化认同感，激发学习兴趣，提高学习的积极性。

2.地域文化作为调节课程内容的要素

地域文化作为课程中的特定事实、观点、原理和问题，以及处理它们的方式，对整个课程的中心问题产生深刻影响。其不仅充实了课程内容，形成文化特色，还在调节课程内容方面发挥着关键作用。地域文化的融入不仅为课程注入了独特的文化元素，更为整个课程的结构和形态提供了有机的调和。这种调节作用体现在对课程目标的定位和调整上。地域文化能够为课程提供独特的形式和内容，使课程目标更为具体明确。在实施过程中，地域特色能够起到控制与调整课程目标的作用，使其更符合实际需求。这不仅有助于提高课程的针对性，也使得课程更具有时代感和适应性。地域文化的调节作用还表现在对课程资源整合的引导上。通过地域特色的角度进行课程资源整合，使地域文化资源与实际训练目标有机结合。这种有机结合有助于实现课程的文化内涵价值，调节课程内容的多元性，使学生更全面地了解艺术的多样性和广度。

3.平衡技能与文化内涵

艺术院校的课程内容主要以专业技能为主，而艺术本身传递的是情感、文化和内涵。地域文化的融入为平衡技能与文化内涵提供了有益的途径。从文化特色的角度出发，可以更好地协调技能培养与文化内涵的关系。地域文化的融入不仅能够协调技能与文化内涵，还能够使课程内容更好地适应学生的需求。通过地域文化元素的引入，学生在技能培养的同时能够更深入地体验艺术的情感内涵，从而更好地理解和传承文化传统。这种平衡有助于培养学生成为更具创造力和综合素养的艺术人才。在课程内容的取舍或更新中，从地域文化的角度出发，可以更好地根据学科特点和文化需求进行调整。这种调整不仅有助于提高课程的文化内涵，也为学生提供更为全面的艺术体验。通过细致平衡技能与文化内涵的关系，课程内容更具有适用性和可塑性。

美育的地域文化与创新相结合的课程设计充满着挑战和潜力。在这个领域中，教育者是创意的策划者，学生是艺术的创造者，而地域文化则是永恒的主题。通过深入了解地域文化，我们就像是探险家踏足未知的土地，去寻找那些珍贵的文化宝藏，去解锁那些隐藏在历史长河中的秘密。这一过程，如同一场智慧的盛宴，教育者需要挖掘地域文化的深层内涵，研究其历史渊源、传统工艺、民俗习惯，如同考古学家探寻文明的踪迹。只有通过深入研究，才能够真切地感受这些文化的独特性和内在价值，并将其传达给学生，如同将一颗明珠呈现在他们的眼前。在这个创意的舞台上，我们可以看到绘画、音乐、戏剧、摄影等多种艺术形式的碰撞与交融，如同一场文化的交响乐，为学生打开了多元思维之门。在这个舞台上，学生不仅仅是观众，更是演奏家，他们可以自由地演绎自己的艺术梦想，创造属于自己的文化传承。

三、地域文化与创新的课程设计原则

地方高校美育特色课程设计应当秉持一系列关键原则，以确保其有效性和吸引力。以下是一些原则，这些原则将帮助地方高校融合地域文化和美育元素，创造丰富多彩的美育特色课程。

（一）地域文化的深度融合

地方高校的美育课程设计要紧密结合地域文化，将本土文化的精髓贯穿于课程设计与实施中。例如，徽派建筑可以作为一门专门的课程，通过跨学科的方式探讨徽派建筑的独特美学与历史背景。课程可以包括对徽州古建筑的实地考察，分析其屋顶的飞檐、马头墙、雕刻艺术等细节，探讨这些元素如何体现地方文化价值和美学思想。除此之外，还可以通过美学、历史和艺术的结合，让学生了解这些建筑风格背后的文化符号，比如徽派建筑在承载家族文化、儒家思想和地方历史中的作用。

另外，地方民间艺术也可以成为课程内容的重要组成部分。例如，安徽的皮影戏或四川的川剧变脸，这些传统艺术形式不仅具有深厚的文化底蕴，还融合了音乐、舞蹈和戏剧等元素。课程可以通过组织学生参加皮影戏的制作、学习传统戏曲的曲调与动作，使学生体验到传统艺术的独特魅力。这不仅能帮助学生了解传统艺术形式，还能激发他们对本土文化的兴趣与探索欲望。

（二）创新与实践的课程设计

课程设计不仅要传承地域文化，还需要通过创新激发学生的创作潜力。例如，可以利用现代技术手段如虚拟现实（VR）和增强现实（AR），让学生身临其境地体验地方文化的场景。例如，在学习传统的地方音乐时，教师可以使用VR技术让学生"走进"一个古老的剧场，身临其境地感受地方乐器的演奏。通过这种方式，学生可以更直观地理解地方文化的音响魅力，激发他们的艺术创作灵感。

另外，在创新与实践的课程设计中，项目式学习（PBL）也可以发挥重要作用。比如，结合传统戏曲与现代戏剧的课程，可以让学生在学习地方戏曲的基础上，进行现代化的创新实践。学生可以通过改编传统戏剧，融入当代的戏剧表现手法，甚至进行舞台设计和服装设计的创新，最终呈现出一台结合地方特色与现代风格的创新剧目。这样的课程不仅让学生学习传统艺术，更促使他们用现代思维和创意去延续和创新传统文化。

此外，地方手工艺的课程设计也可以进行现代创新。例如，可以结合刺绣艺术与时尚设计，通过对地方传统刺绣技法的学习，带领学生理解这些技艺的文化背景和历史传承，再将这些元素应用到现代服装设计中，创作出既有传统工艺之美又具有现代设计感的作品。这种跨学科的整合，可以有效激发学生的创造力，同时提升他们对地方文化的认同感与自豪感。

（三）课程的综合性与多元性

特色美育课程不仅仅是纯粹的艺术课程，它应当是跨学科、综合性课程。例如，在美术课程中，可以通过学习地方传统的绘画技法，如江南水乡的水墨画，引导学生了解这一艺术形式的历史与文化背景，同时结合地理学知识，分析江南水乡的自然环境、气候条件如何塑造了这种独特的艺术风格。此外，还可以结合历史课程，探讨地方绘画作品中的社会背景，理解这些作品如何反映地方的社会生活和文化风貌。

这种跨学科的设计，不仅能拓宽学生的学术视野，还能让他们从多维度理解地方文化的内涵。例如，通过探讨江南水乡的水墨艺术，学生不仅学到了绘画技巧，还通过地理和历史的视角，对地方的自然景观和人文历史有了更深刻的认识。

另外，特色美育课程要尊重学生的个性化需求，提供多层次、多领域的学习机会。例如，针对不同兴趣的学生，可以设立地方传统舞蹈、地方歌唱艺术、地方民间文学创作等课程，让学生根据自己的兴趣和特长选择合适的学习方向。通过这种多元化的课程设计，不仅能激发学生对地方文化的兴趣，还能帮助他们发掘和发展个人的艺术潜能，形成独特的艺术风格和创造力。

（四）学生自主学习与体验的激发

美育课程的核心不仅是知识的传递，更在于激发学生的自主学习和创造性思维。在地域文化的美育课程设计中，教师的角色应当是引导者与启发者，鼓励学生通过实际操作和艺术创作来亲身体验文化的内涵。

例如，在传统手工艺课程中，可以组织学生去参观地方非遗工艺传承基地，如苏州刺绣或景德镇陶瓷制作工坊，让学生在制作过程中亲手感受传统技艺的细节和文化背后的历史故事。在课堂上，学生不仅学习这些手工技艺，还要思考如何将其与现代设计相结合。课程可以设置任务，让学生设计一个具有地方特色的现代家居装饰品，要求学生在创作中融入地方传统工艺的元素，同时考虑现代审美与市场需求。这种动手实践不仅帮助学生理解传统艺术，更促使他们通过创造性思维创新和转化这些文化元素。

同样，地方音乐课程也可以让学生通过参与民间音乐表演来加深对地方文化的理解。比如，在学习某个地方的民间乐器（如大鼓或箫）时，学生可以亲自参与乐器的制作、演奏和舞台表演。通过这种方式，学生不仅是理论学习者，更是文化的"传递者"和"创造者"，他们通过自己的艺术创作和表演来理解并表达地方文化。

（五）全球化视野与地方文化的平衡

在地方高校的美育课程中，结合全球化的视野尤为重要。这不仅有助于学生了解世界各地的艺术形式，还能增强地方文化的全球竞争力和影响力。通过对比不同文化中的艺术表现，学生可以形成更开放和包容的文化理解。

例如，在学习地方传统书法艺术时，教师可以引导学生将中国书法与西方抽象艺术进行比较，分析两者在表现形式、情感传递和文化背景上的异同。学生可以通过这种对比，理解中国书法不仅是技艺的传承，更是中国文化的哲学体现，同时也能从西方艺术的角度学习如何通过不同的媒介表达思想与情感。

此外，可以设置跨文化合作的课程项目，鼓励学生与国外艺术院校或国际艺术家进行合作创作。例如，地方的传统舞蹈（如苗族舞蹈、傣族孔雀舞）可以与现代舞蹈或其他国家的传统舞蹈形式结合，进行跨文化的艺术创作。在这种跨文化交流中，学生不仅学习地方舞蹈的技巧，还能体会到全球文化的多元性与包容性。

（六）文化自信与创新能力的培养

地方高校的美育课程设计要增强学生的文化自信，培养他们在全球化时代中对自己文化的认同与创新思维。文化自信的培养是学生艺术创作中最核心的动力之一，只有自信于自己的文化传统，学生才可能将其转化为创新的艺术表现。在课程中，教师可以引导学生进行地方文化题材的现代艺术创作，如设计一系列基于传统民间故事或地方历史的现代装置艺术、影像艺术或数字艺术作品等。比如，设计一个以端午节为主题的现代装置艺术，结合龙舟竞渡的元素，将传统节日的象征与现代艺术表现形式结合。这不仅让学生感受到传统文化的当代价值，还能鼓励他们在创作过程中进行创新，突破传统艺术的框架，创造出具有时代感和艺术深度的作品。

此外，可以定期举办地方文化艺术展览，让学生展示他们以地方文化为题材创作的艺术作品。在展览中，学生不仅展示自己的成果，还通过与观众的互动，感受到文化的影响力和传播力。这种实践能够增强学生的文化自信，让他们在创作和展示中感受到自己对地方文化的责任与贡献。

（七）社会参与同校外资源的利用

地方高校的特色美育课程设计不能局限于课堂教学，它应该通过与社会资源的合作，拓展学生的视野与实践机会。将校外资源引入课程，不仅能增强课程的实践性，也能帮助学生理解艺术在社会中的功能与价值。学校可以与当地的博物馆、艺术团体、文化企业合作，设计与地方文化相关的社会实践活动。学生可以参与博物馆的文物保护与展示设计，在专业人员的指导下了解如何将地方文化遗产进行现代化展示。这样的实践活动不仅能增强学生的动手能力，还能让他们了解文化遗产保护的重要性，并通过创新思维为文化遗产注入现代活力。

同样，可以通过与地方的非政府文化组织合作，组织学生参与一些社区文化活动，如传统节日庆典、民间工艺市场等，帮助学生在实际的社会环境中理解和传播地方文化。这种校外资源的利用，不仅能够加深学生对地方文化的认同感，也能培养他们的社会责任感和合作意识。

通过这些社会实践，学生能够将课堂上学到的知识和技能与实际的社会需求结合起来，培养跨领域的合作能力和创新思维。同时，这也是将地方文化从课堂延伸到社会，促进文化传承与创新的重要途径。

四、经典案例分析

中央戏剧学院积极参与扶贫工作，选择在贵州省长顺县展开帮扶行动，具体帮扶对象是位于该县长寨街道的雷坝村。在实施过程中，中央戏剧学院坚持以习近平总书记关于乡村振兴的系列讲话精神为指导思想，切实推动巩固和拓展长顺县在教育脱贫攻坚方面取得的成果，并将其与乡村振兴战略有机结合起来。通过深入了解长顺县的需求，学院充分发挥艺术高校的专业优势，整合学校资源，重点关注教育和文化振兴领域。

中央戏剧学院采用了精准帮扶的模式，以"戏剧+美育"为核心理念，致力于实施美育特色帮扶计划。通过五大功能，包括文艺人才培养、戏剧文化挖掘与保护、戏剧研学、艺术教育普及以及文化创意孵化，学院与长顺县展开了广泛而深入的合作。这一帮扶计划的目标是弘扬中华美育精神，助力长顺县在乡村美育事业上取得更大的发展，为乡村振兴注入"文化火种"，起到积极作用。

（一）基本情况

长顺县，隶属于贵州省黔南布依族苗族自治州，面积达1548平方千米，总人口为27万，其中少数民族人口占总人口的57%。中央戏剧学院于2020年开始对口帮扶长顺县，秉持尊重群体多元、促进文化融合的理念。学院在帮扶过程中将民族文化与戏剧艺术巧妙融合，促使传统乡村文化与创新文化事业相互交融，逐渐形成了以"美育促文化，以文化促发展"为核心共识的帮扶共建模式。

中央戏剧学院在长顺县设立了两大美育教学建设基地，包括"中央戏剧学院教学实践基地"和唯一的校外"艺术人才培训中心"。通过搭建实践育人工作体系，引入戏剧综合艺术培训体系，学院注重从美育人才培训、大型活动举办、文艺作品创作、研究生支教、文化遗产保护与传承等多个方面推动美育的全面发展。在这个过程中，戏剧美育成为重要热点，激发了长顺县中小学生和普通百姓"识美""懂美""用美""创美"的审美意识和文化创造活力。

此外，学院强化了具有民族特色的戏剧文化IP品牌发展，辐射带动文旅项目深度开发，不断扩大品牌影响力，让美育的"种子"在长顺县扎根生长，为当地文化的繁荣作出积极贡献。

（二）实施进展

1.打通双向育人通道，讲好乡村振兴"大思政课"

在当前推动乡村振兴的背景下，地方高校美育特色课程正在发挥着积极的作用，为学生提供了丰富的学习资源和实践机会。以中央戏剧学院为例，他们通过打通双向育人通道，讲好乡村振兴"大思政课"，为乡村振兴贡献了力量。

中央戏剧学院充分发挥戏剧文化在育人方面的功能，通过创作和演出将乡村振兴的理念融入"大思政课"的教学内容。他们历时三年精心创作了以乡村振兴为主题的原创话剧《背篓里的春天》，生动地讲述了驻村第一书记文诚的故事，传达了继承革命前辈精神、勇敢面对苦难、走出困境的精神内涵。这部话剧的演出，不仅在当地赢得了广泛好评，还荣获了首都高校师生服务"乡村振兴"行动计划一等奖，为乡村振兴贡献了自己的力量。

中央戏剧学院还通过举办"中顺情——贵州长顺文化进京进校园"展演活动，搭建了优秀传统文化的实践交流平台。他们邀请长顺县的非遗传承人前来北京，并在校园与师生面对面交流，分享非遗文化。这一活动不仅增强了学生与群众对传统文化传承和保护的意识，也让传统文化在现代美育发展中起到了重要作用，同时也使得长顺县的非遗文化得到了更广泛的传播。

中央戏剧学院还鼓励创作以乡村振兴为主题的艺术作品，并将其融入学院课程思政的重要内容中。通过这种方式，学院旨在引导学生深刻认识新时代发展的伟大成就，增强学生为人民创作的理想信念和艺术观。同时，学院还在长顺县设立了"中戏书屋"，为当地文化人才培养和乡村美育发展提供了精神保障。

2.根植"人才培训+支教"，发挥"国家队"引领作用

中央戏剧学院本着充分发挥教育和文化资源优势的宗旨，通过积极发挥戏剧教育的引领作用，为长顺县的乡村文化振兴提供了有力的支持。

学院举办了广泛的培训活动，覆盖了戏剧美学、剧场管理、文旅、舞蹈、表演、戏曲、国画、摄影等多个领域。这些培训不仅涉及学院资深教授和青年教师的讲座，还有志愿者进行的电影史讲座、文化产业化发展培训等，共培养了两千余人。这一系列培训活动形成了"戏剧+美育"特色的精准人才帮扶路径，为长顺县乡村文化振兴提供了有力的人才支持。

中央戏剧学院利用自身戏剧教育系在戏剧艺术与美育专业上的优势，派遣研究生支教团前往长顺县高级中学和第四小学进行支教。这些支教团以戏剧教育课程为主，并根据学校的实际情况设置特色美育课程，通过专项培训中小学戏剧教师，将美育带到最基层，积极助推长顺县乡村美育事业的发展。

学院每年组织"文化振兴，艺术赋能"暑期社会实践团，前往长顺县及其他地区开展戏剧课堂、美化乡村、普通话推广等活动，向当地师生进行艺术普及教育，增强乡村美育师资力量，不断改善长顺县文化、艺术和教育资源不足的现状，提升美育水平。这一系列活动的持续开展，有助于推动长顺县乡村文化的繁荣和提高美育质量。

3.打造"顺文化"品牌，探索文化共建模式

2022年，经过两年的筹备，首届"贵州长顺乡村戏剧周"于8月在贵州省长顺县圆满成功。这一活动内容涵盖了地方非遗传承工作室研讨、乡村地戏大赛、优秀民族民间戏剧展演、儿童戏剧嘉年华以及原创话剧《背篓里的春天》展演等。戏剧周的成功举办，不仅强化了长顺县作为戏剧文化资源汇聚和输出地的品牌特征，还提升了文艺工作者的创作技能和艺术素养。此次活动推广了戏剧艺术，丰富了戏剧文化服务供给，同时进一步推动了"以美育促文化，以文化促发展"共识的形成。戏剧周成了中央戏剧学院美育帮扶工作的成功案例，产生了强大的"拳头效应"。

2023年8月，中央戏剧学院将继续举办第二届"贵州长顺乡村戏剧周"活动。通过开展一系列戏剧节活动，该活动将聚焦贵州省内优秀的地方戏剧文化资源，持续推动长顺县戏剧小镇名片的建设。戏剧周的目标是利用乡村戏剧为乡村旅游注入灵魂，将长顺县打造成为贵州省乃至整个西南地区的戏剧文化和旅游高地。通过强化"顺文化"特色戏剧文化品牌IP，活动将辐射带动文旅项目的深度开发。此外，借助当地的民族民间非遗手工技艺，活动还将孵化出民族戏剧文创产品，不断扩大品牌影响力。通过拓展民间非遗元素的发展新路径，这一活动旨在吹响长顺县乃至整个贵州省乡村美育与文化振兴的"集结号"，为乡村文化的发展注入新的动力。

4.大兴调研之风，以思想伟力为乡村美育蓄势聚能

大兴调研之风，以思想伟力为乡村美育蓄势聚能，体现了对乡村美育事业深入了解和全面推动的迫切需求。通过实地调研，深入了解乡村的文化、教育、经济等各方面的状况，为制订有针对性的美育计划提供了实际依据。这种调研方式不仅有助于解决当前问题，更是对乡村文化长远发展的战略考量。强调以思想伟力为支撑，则是为了通过理念、信仰、文化认同的引领，更好地规划和指导乡村美育的发展方向。思想引领的力量不仅在于为乡村提供精神支持，更可以作为社会动员的手段，激发更广泛的社会参与，形成推动乡村美育的社会力量。因此，大兴调研并以思想伟力为引领，是一种有力的策略，旨在为乡村美育事业提供更为全面、深刻的支持，助力乡村文化振兴迈上新台阶。

（三）主要特点

1.发挥戏剧美育育人功能，助力人才培养持续发展

中央戏剧学院以发挥戏剧美育育人功能为主旨，致力于助力人才培养的持续发展，并将美育特点贯穿于推动乡村美育事业的全过程。

学院坚持以立德树人为指导原则，积极运用专业和人才优势，聚焦乡村文化干部和文艺人才的培养工作。通过发挥学术研究优势和专业资源整合，开设针对乡村文化干部和文艺人才的专业课程，以满足实际需求，创新培养模式，并凝练出创新经验，形成符合长顺县实际情况的培养方案。

为解决长顺县文化、艺术和教育资源短缺的问题，学院采取了整合资源的措施，建立校外实践基地和教学实践基地，将学院的资源延伸至乡村

一线，提供更直接、实用的支持。同时，与当地文化机构和教育部门深度合作，共同开展项目，最大程度地弥补了乡村资源的不足。学院还通过组织戏剧表演、艺术展览和文化交流活动，提升当地居民对戏剧和文化的认知和参与度。

整个过程注重提升美育水平的同时，也注重在培养过程中激发学生的民族自豪感和自信心。通过戏剧艺术的独特表达形式，传递中华美育精神，真实切实地助力长顺县乡村美育事业的长期发展，为乡村文化振兴贡献积极力量。这一全面的培养模式，旨在推动学生在乡村美育领域取得更为长远的成就，成为乡村文化振兴的重要推动力。

2.激发美育"种子"力量，助推乡村文化事业繁荣

激发美育"种子"力量，助推乡村文化事业繁荣，是中央戏剧学院为实现这一目标而采取的全面战略。学院通过持续发挥戏剧美育的价值，以民族文化自信为主线的理念为引领，为乡村文化的振兴和繁荣贡献积极力量。学院致力于深入挖掘、传承、推广长顺县丰富的传统文化和独具特色的乡土资源。通过学术研究、实地调研等手段，学院深刻理解和把握长顺县的文化底蕴，致力于将这些宝贵的文化资源转化为美育的源泉，以丰富的传统文化为基础，打造具有鲜明地方特色的美育课程和活动。学院通过举办文化交流大会，强调"特色"与"创新"相结合的理念。这不仅有助于将传统文化与现代创新相融合，还为乡村文化创新发展提供了新的契机。通过与当地居民、文化爱好者的深入交流，学院设立了一个平台，促使不同文化元素碰撞与交融，形成更富创意和活力的文化发展路径。学院着眼于整合地方特色戏剧文化，积极打造"顺文化"、传承化、民族化、品牌化、市场化的戏剧周品牌IP项目。通过这一项目，学院通过戏剧的表现形式，将传统文化传承与现代市场需求相结合，不仅提高了传统文化的传播力和吸引力，还树立了有影响力的品牌形象。

此外，学院还注重推动戏剧文创产品的开发，为乡村文化事业注入新的发展动力。通过培养戏剧创意人才，学院助力将传统文化元素转化为具有市场价值的创意产品，进一步推动了文创产业的繁荣。通过"戏剧+美育"的融合，学院以美育引领文旅产业全方位发展，致力于实现文化价值向经济价值的可持续转变，为乡村文化事业的繁荣注入全面的推动力。

（四）成效经验

1. "戏剧+美育"项目形成规模

在中央戏剧学院连续三年多的精准帮扶下，通过"戏剧+美育"的独特路径，人才培养的渠道和力量得到了显著增强，形成了一系列有力的合作与交流机制。学院充分发挥自身资源和经验优势，与校友、当地高校以及研究机构展开深入交流合作，形成了结对帮扶的"组合拳"，在长顺县逐步培育并壮大了一支以艺术骨干、文化干部、民间艺人和少年学生为主体的艺术人才队伍，为当地的文艺事业注入了新的生机。在支教帮扶和师生"文化下乡"实践团等活动的推动下，中央戏剧学院的美育优势得以充分发挥。通过这些活动，学院不仅普及了戏剧艺术，更弘扬了中华美育精神，使得当地居民更加深入地了解和感受到戏剧的魅力，从而推动乡村文化的传承与创新。具体而言，2022年，三支实践团队入选"雉普助力乡村振兴"全国大中专学生暑期社会实践志愿服务活动，开展了一系列深度支教工作。同时，"文化振兴、艺术赋能——乡村振兴行动计划""背篼里的春天""戏润乡村，美育乡情——中央戏剧学院研究生文化乡村专项行动"三个项目入选首都高校师生服务"乡村振兴"行动计划，通过这些项目的实施，成功在当地学生和群众中点燃了"文化火种"。这一系列活动不仅丰富了当地文化生活，也在当地学生和群众中培养了更多的文化意识和审美观念。中央戏剧学院通过支教、文化下乡等形式，为乡村文明建设奠定了良好的基础，促进了当地文化事业健康发展。

2. 文旅产业帮扶落地见效

2021年，中央戏剧学院积极响应习近平总书记关于乡村振兴和传统文化保护的号召，着眼于长顺县的非物质文化遗产，特邀中国傩戏学协会的专家教授前往长顺县进行深入考察。为深化研究，学院成功举办了"长顺傩文化研讨会"，聚焦长顺县丰富的非遗文化，通过专家的深入解读和学术研究，进一步挖掘和弘扬当地的优秀传统文化，为这些传统文化注入新的生命力和影响力。

在帮扶的过程中，中央戏剧学院还积极协助长顺县成立了戏剧家协会，并举办了一系列民间戏剧文化座谈会，促进了当地戏剧文化的传承和交流。2022年，学院进一步巩固了对长顺县的帮扶工作，成功举办了首届"贵州长顺乡村戏剧周"。该活动涵盖了多个主题，包括话剧《背篓里的春天》的展演、地方非遗传承工作室研讨、乡村地戏大赛、优秀民族民间戏剧展演，以及儿童戏剧嘉年华等，充分汇聚了贵州省内优秀的戏剧文化资源。

通过这一系列主题活动，戏剧周成功形成了"戏剧+乡村+旅游"的新文化形态和路径。活动的开展不仅丰富了当地的文化生活，还为长顺县的乡村振兴和文旅产业的发展注入了新的动力。这一努力也使长顺县的戏剧文化逐渐进入一个新的发展阶段，为当地群众提供了更多接触、了解和参与戏剧艺术的机会。

（五）未来规划

1.进一步建立机制保障，加强校地沟通

在中央戏剧学院积极开展的定点帮扶工作中，特别是在对长顺县美育事业的支持方面，学院建立了高效的帮扶工作机制。领导小组办公室在这一过程中扮演着核心角色，牵头成立了帮扶工作领导小组。这个领导小组以解决问题为导向，致力于推动和深化长顺县美育帮扶工作，注重实际问题的解决。为了确保帮扶工作的顺利进行，学院通过定期的校地沟通，与长顺县教育局、支教学校、当地美育工作者、学院帮扶干部等保持密切联系。这种沟通方式有助于充分了解长顺县的教育和美育需求，协调校地资源，以便更好地实施帮扶计划。通过这样的合作，双方得以深入合作，不断加强校地间的资源整合，使帮扶工作更为全面、高效。学院在帮扶过程中不仅仅是通过会议等形式促进信息共享，更是通过建立问题解决的跟踪机制，持续关注和追踪帮扶工作的进展。这一机制有助于及时发现并解决工作中出现的问题，确保帮扶工作朝着既定目标有序推进。通过对问题的持续关注，学院能够迅速作出反应，采取有效措施，确保帮扶工作的实效性，为长顺县美育事业的发展提供坚实的支持。

2.整合各方资源，强化帮扶力度

学院在加强对长顺县美育事业的支持中，通过多方面的措施，全面推进帮扶工作，以更大的力度和深度推动美育发展。学院着眼于加大对美育帮扶的资金投入，并将帮扶资金向美育方面进行有力的倾斜。这一措施有助于优化长顺县的美育硬件设施，提升基础设施水平，为学生和教师提供更好的学习和教学环境。学院选派了一批优秀的教师前往长顺县，依据当地实际情况，构建了因地制宜的美育课程体系。为了更好地培训当地美育教师，学院采用线上线下相结合的授课模式，旨在提高美育教师的专业水平。此外，学院还通过现场指导教学的方式，为长顺县的美育教师提供更直接、实用的培训经验。学院充分整合各项资源，拓宽当地美育教师的视野。学院每年邀请长顺县内优秀的美育教师来到学院参与戏剧教育论坛等活动，共同交流经验，提升专业技能和业务能力。这和交流互动不仅有助于长顺县美育教师的个人成长，也丰富了美育的内涵。学院进一步发挥已有典型经验的示范带动作用，通过形成品牌项目，为长顺县建设美育示范区提供支持。为了深化对口支教工作，学院不仅选派支教团前往长顺县，巩固前期支教工作成果，还积极落实艺术帮扶和美育帮扶，发挥美育在助推乡村文明发展中的作用，全面提升当地的美育水平。

3.持续推进文旅产业帮扶

学院在帮扶长顺县的过程中，采取了一系列有针对性的措施，着力推动当地美育事业的发展，使得帮扶资金更具有效性和实质性的影响。学院以有针对性的方式将帮扶资金更多地用于推动当地美育工作的发展。这一做法有助于在财政支持上更有侧重地满足长顺县美育的具体需求，提高资金使用效益。同时，学院持续举办"乡村戏剧周"活动，通过这一系列的戏剧文化展示，为当地打造"顺文化"品牌IP，增强了当地文化的吸引力和影响力。学院积极组织专业教师和优秀学生前往长顺县，通过指导文艺活动的方式，为当地文艺工作者和学生提供专业的指导和实践经验。与长顺县文联合作，共同开展"非遗进京"展演，将长顺县的非遗文化呈现给更广泛的观众，推动当地非遗文化的传承和发展。学院不仅在理论研究方面进行深入扶持，还通过关注产业链条、文化市场、文创开发等方面，为当地民间文化艺术的挖掘提供有力支持。通过继续搭建乡村戏剧美育展示和文化艺术交流平台，增加基层文化者与艺术研究员的互通互鉴，让基层文化者更好地了解大山以外的世界，也使艺术研究员深入基层，深刻感受当地的民风，从而促成文化的相互启迪。学院还在探索"校县艺术交流展"活动，通过这一形式，促使学院和当地县级文艺机构之间在艺术领域的交流与合作，为彼此的文化事业提供更多机会和平台。这不仅有助于丰富当地文化，也使学院与长顺县在文化交流方面建立了更为密切的联系。

（六）中央戏剧学院实例在政策中的实际应用

1.美育教学改革深化行动

在中央戏剧学院与上述美育教学改革深化行动的结合中，学院通过构建艺术学科与其他学科协同推进的美育课程体系，充分发挥艺术课程在学校美育中的主渠道作用。这一做法与美育的特点相契合，突出了戏剧艺术在学校美育中的重要性。学院通过深入挖掘各学科蕴含的美育价值与功能，强化教学与实践的有机统一，进一步夯实了课程基础。在教学改革方面，学院严格按照各学段课程标准，开齐开足上好艺术相关课程，充分尊重教育规律和人才成长规律，创新教学方法，提高教学质量。此外，学院还致力于打造艺术课程活力课堂，通过激发学生积极性，提高其参与度，展现学生自信和风采，实现了艺术教育的活化。在义务教育阶段，学院积极提供多样化、个性化的艺术选修课程和课后服务，为学生提供更多发展的可能性，助力学生在校学习中掌握1至2项艺术特长，满足学生兴趣特长发展的需要。学院还通过对艺术教材编审的严格要求，配发义务教育阶段艺术教材，为学生提供更丰富的美育课程资源。在人才培养模式方面，学院加强艺术特长学生一体化选拔和培养，拓宽艺术人才成长通道，进一步促使学生在艺术领域获得更全面的发展。通过试点项目，学院统筹区域内艺术教育资源，为在校生提供实践教学支撑，深度参与美育工作，为学生的综合素养培养提供更为全面的支撑。

在发挥相关学科的美育功能上，学院通过加强美育与德育、智育、体育、劳动教育的融合，挖掘和运用各学科蕴含的品德美、社会美、科学美、健康美、勤劳美、自然美等丰富美育资源，为学生提供了更全面的美育教育。同时，通过推进成果转化，学院积极分享、交流美育教学、教研、教改的优秀成果，为全体师生提供更丰富的学术资源，推动美育事业更大发展。

2.教师美育素养提升行动

在教师美育素养提升行动方面，中央戏剧学院通过配齐配好美育教师，加强师德师风建设，进一步加强了对教师的培训和素养提升。学院强化了各学科教师的美育意识和美育素养，将美育纳入教育系统领导干部和教师的培训计划。这一做法使得教师更好地理解戏剧美育的重要性，提升了他们的美育水平。学院广泛开展面向教育行政人员、学校领导的专题培训和面向艺术骨干教师的专业培训，以确保教育系统领导和优秀教师在美育方面具备更专业的知识和技能。通过艺术学科教师素质与能力监测，学院不仅提升了教师的教学水平，还加强了对教师专业能力的培养。这样的做法可以有效激发教师对美育工作的积极性，为戏剧美育事业的发展提供了强有力的支持。在教师源头培养方面，学院将美育课程纳入师范类专业学生人文素养课程，将美育素养有关内容纳入教师资格考试，同时办好全国艺术教育类专业学生和教师教学基本功展示活动。通过这些措施，学院积极培养出具备美育素养的师范生，为未来的教育工作打下坚实的基础。学院还建设了国家、省、市、县各级学校美育名师工作室，构建了名师和骨干教师学习成长共同体，形成了师资队伍的合作机制。通过加强美育科学研究，学院进一步发挥全国高校和中小学美育教学指导委员会的作用，建设了一批美育高端智库和高水平研究平台。这有助于不断提升戏剧美育的理论水平，为更好地推动美育事业提供理论支持。

学院鼓励改革和创新教师评价办法，激发美育教师的工作积极性。通过激励机制，学院更好地调动了教师的积极性，使他们在美育工作中更有热情，为学生提供更丰富的教育资源。这一系列做法充分展示了中央戏剧学院在教师美育素养提升方面的积极探索和实践。

3. 艺术实践活动普及行动

在艺术实践活动普及行动方面，中央戏剧学院为了让每名学生都有展示的机会和平台，完善了面向全体学生的常态化学校艺术展演机制。这一机制的建立让学生在校内广泛开展班级、年级、院系、校级等群体性展示交流活动，每学期至少举办一次全员参与的展演展示活动。这不仅让学生有更多展示自己艺术才华的机会，也为美育工作提供了实践平台。同时，中央戏剧学院推动省、市、县级每年举办学生艺术展演，提高了全国大、中小学生艺术展演活动的覆盖面和参与度。通过这些层次的展演，学院为学生提供了更广泛的艺术交流机会，激发了他们对艺术的兴趣。学院还在校园推广普及"高雅艺术进校园"活动，做好校园精品剧目校际展示。这一做法有助于引导学生接触更多高水平的艺术表现形式，提升他们的审美水平。通过集审美赋能、创意实践、人文升华于一体的社会实践活动，学院创新开展多途径、多渠道宣传校园优秀展演节目和作品的活动，为学生提供更加全面的美育体验。在管理方面，学院规范管理、正确引导各类学生艺术实践活动，避免"锦标主义"和功利化倾向。通过这种方式，学院确保学生参与艺术实践活动更多地关注个体的全面发展，而非追求表面的荣誉。这种管理模式既保障了学生的自由创作和表达，又避免了功利化对美育工作的负面影响。

4. 校园美育文化营造行动

中央戏剧学院在校园美育文化营造行动中，通过一系列措施将美育融入校园生活的方方面面，为学生创造了全方位的美育体验。学院积极开展中华优秀传统文化艺术传承学校和传承基地建设。通过制定完善的建设标准、推出典型案例和文化资源，学院推动传统文化在校园中的传承和弘扬，为学生提供更多接触和了解传统文化的机会。这有助于培养学生的文化底蕴，增强他们的文化自信心。中央戏剧学院鼓励学校建设丰富多样的艺术社团，加强国家级示范性大中小学生艺术团建设。这不仅为学生提供了广泛参与艺术活动的平台，还促进了学生在实践中的艺术成长。学院建立了国家重大演出与学校社团活动交流机制，使学生有机会参与更高水平的演出，拓展了他们的艺术视野。中央戏剧学院充分利用校内各种平台，如橱窗、展示屏、校园广播、校园电视、校园网等，打造了丰富的校园文化艺术展示空间。通过这些展示平台，学院展示学生的艺术作品，推动了校园文化艺术的全面展示。为了加强美育实践活动场地保障，学院支持学校根据实际需要建设小型美术馆、博物馆、展览厅、音乐厅、剧场等。这为学生提供了更好的展示和实践平台，促进了美育的深入开展。

学院鼓励地方开展美育示范区和示范学校建设，并总结推广典型经验。通过地方的努力，可以在更广泛的范围内推动美育事业的发展，形成更具地方特色的美育模式，为全国美育事业提供可复制的经验。

5. 美育评价机制优化行动

中央戏剧学院在美育评价机制优化行动中，通过深化美育评价改革，充分发挥评价的牵引和导向作用，为学生提供多元化的教育评价方式，促进其全面发展。

学院探索多元化教育评价方式，开展增值性评价、过程性评价、体验性评价、表现性评价和应用性评价。这些评价方式不仅关注学生个体成长，还尊重和保护学生的兴趣爱好和个性特点。通过全面考查学生发现美、感受美、表现美、鉴赏美、创造美的能力，学院能够更准确地了解学生的发展状况，为他们提供更有针对性的美育培养。中央戏剧学院在中小学校和高校层面实施了不同的美育评价措施。在中小学，学院鼓励拓展测评内容和方法，完善初、高中艺术科目学业水平考试，将美育评价纳入学生综合素质档案。在高校，学院落实本科学生修满公共艺术课程至少2个学分的基本要求，注重与专业人才培养相结合，强化审美素养和创新意识的评价。这样的评价机制使得学生在各个学段都能够受益于更全面、综合的美育评价。中央戏剧学院实施学校美育工作自评和年度报告制度，以探索具有中国特色的学校美育评价制度。这种自评和报告制度有助于学校全面了解自身的美育工作状况，发现问题并及时进行调整，为制订更为科学有效的美育评价制度提供了参考和依据。

6.乡村美育提质发展行动

中央戏剧学院为了推动乡村美育事业，通过与地方合作，以县域为基点、市域为统筹、省域为指导，构建全面提高乡村美育质量的工作机制。这种机制在实践中积累了一些经验，可以与中央戏剧学院的实例相结合。

学院因地制宜推进县域内优秀美育教师流动授课和优质美育课堂资源共享。中央戏剧学院可以分享自身的专业师资和先进的美育理念，为乡村学校提供定制化的戏剧美育课程。这有助于促进学校美育的优质均衡发展，提高乡村学生的艺术素养。学院建立高校与中小学、城乡学校之间的"手拉手"相互学习交流和帮扶机制。这种机制可以使中央戏剧学院的教师和学生走进乡村学校，开展艺术交流、指导教学，同时也鼓励乡村学生走进城市艺术场馆，亲身感受戏剧的魅力，拓展审美视野。学院可以支持美育名师进入乡村，为乡村学校的教师提供专业培训。此外，通过组织城乡中小学生美育主题研学实践活动，可以促进城乡学校之间的深度交流，让学生在实践中更好地体验美育的魅力。中央戏剧学院可以通过多种形式搭建乡村学生专场展演平台，鼓励利用乡村学校少年宫等场所展示学生个性化的艺术成果。同时，加强乡村学校美育教师培养培训，推动乡村教师公费定向培养项目的落地，以提高乡村学校美育师资水平。支持艺术院校参与城乡规划和乡村振兴，助力增强城乡审美韵味、提升文化品位。这些行动共同构成一个有机的合作网络，推动乡村美育事业取得更为显著的成效。

7.美育智慧教育赋能行动

中央戏剧学院在美育智慧教育赋能方面可以通过数字技术与中华戏剧传统相结合,实现智慧教育的创新和提升。以下是该行动与学院实例相结合的一些具体措施。

中央戏剧学院可以依托国家智慧教育公共服务平台和地方平台,充分开发数字化美育资源。这些平台可以提供优质的美育数字教育资源,包括课程、展演、互动体验等。这有助于学院推动戏剧美育的数字化转型,提高教学质量,促进数字技术与中华优秀传统文化的融合。中央戏剧学院可以探索利用数字技术,如云展览、数字文博、虚拟演出、全息技术等,将传统的戏剧艺术与现代科技相结合,创新传统文化的传承方式。通过数字平台,学院可以打破时空限制,让更多人参与到戏剧美育的学习和体验中。鼓励有条件的地方探索利用传感技术、大数据、物联网、人工智能、虚拟现实等技术活化教学内容、创新教学方式、丰富艺术体验、改进评价过程。例如,可以通过虚拟现实技术创造更为沉浸式的戏剧体验,通过大数据分析学生的学习情况,精准调整教学内容,提升学生的学习效果。

综合而言,美育智慧教育赋能行动不仅可以提升学院的教学水平,更有助于拓展传统艺术的传播方式,使戏剧美育更贴近时代潮流,更具吸引力和影响力。

8.社会美育资源整合行动

社会美育资源整合行动可结合中央戏剧学院实例,通过发掘在地文化,充分利用公共文化资源,推动学校与社会、文艺院团等多方合作,促进美育教学与实践的融合。以下是一些具体措施。

(1)在地方文化挖掘与公共文化资源保障

①中央戏剧学院可与当地文化机构合作,深入挖掘和传承本地的戏剧传统,从而形成学院独有的美育特色。

②学院可与公共文化场馆建立长期合作关系,确保学生充分利用这些场馆进行实践活动,如演出、观摩等。

(2)地区、学校与文艺院团合作

①学院可通过与地方文艺院团交流合作,举办戏剧展演、座谈会等活动,促进资源共享,推动戏剧艺术的传播。

②鼓励学生参与与文艺院团的交流,提升学院师生的戏剧艺术水平。

（3）基本公共文化服务项目为学校服务

①学院可借助公共文化服务项目，组织学生参与社区、乡村等地的美育活动，提升学生社会责任感。

②创新美育实践项目，使其成为当地公共文化服务的一部分，为学生提供展示和服务的平台。

（4）家校共建和社会服务

①学院可鼓励学生参与家庭教育，组织家长参与学校美育活动，形成家庭、学校、社会协同育人的格局。

②通过社区服务，学生能够将学到的艺术知识和技能应用到社会实践中，促使美育更好地融入社会发展。

（5）中外人文交流与国际合作

①学院可开展中外学生艺术夏令营、冬令营等交流活动，吸引国际学生参与学院的美育项目，促进中外文化的交流与融合。

②学院可积极参与国际性的戏剧展演、文化活动，推动中华戏剧文化走向世界。

第二节　以学习需求和兴趣为中心的课程设计原则

一、学习需求和兴趣的定义

学习需求是指个体或群体在特定背景下为实现学习目标或满足学习目的所需的知识、技能、态度和行为等方面的需求。它涵盖个人在成长和职业发展中的多样化和动态性需求，组织为提升整体绩效和竞争力的系统性和目标导向需求，以及社会群体为应对变化、促进进步和推动终身学习的广泛性和公共性需求。识别和满足学习需求是通过个性化学习计划、多样化学习资源和有效培训项目来实现个人、组织和社会的全面发展的关键环节。

学习兴趣是指一个人对学习的一种积极的认识倾向与情绪状态。学习兴趣大体上可以分为直接学习兴趣和间接学习兴趣两种。前者是由所学材料或学习活动（学习过程本身）直接引起的。后者是由学习活动的结果引起的。

（一）直接学习兴趣与间接学习兴趣

学习兴趣大体上可以分为直接学习兴趣与间接学习兴趣两种。前者是由所学材料或学习活动——学习过程本身直接引起的，后者是由学习活动的结果引起的。间接学习兴趣具有明显的自觉性。当一个人意识到学习的社会意义或与自己的关系时，学习兴趣就随之产生。例如，为了集体的利益，意识到学习的目的或任务，因而支配自己去坚持学习。或者为了得到父母、教师的赞赏，同学、朋友的尊重，在考试中得到好分数，在竞赛中取得胜利等等，也能引起学生对学习的兴趣。

直接学习兴趣与间接学习兴趣常常是融合在一起的，即既有直接学习兴趣的成分，又有间接学习兴趣的成分，其中，有的以直接学习兴趣为主，有的以间接学习兴趣为主，有的两者难分主次。开始时对学习的间接兴趣，在学习过程中很有可能逐渐转化为直接兴趣。而对学习的直接兴趣，若无特殊情况，大多能长期持续下去，并且越来越浓厚。实践表明，对学习的直接兴趣是提高学习质量最有利的因素。

（二）个体学习兴趣与情境学习兴趣

学习兴趣一般分为个体兴趣和情境兴趣两种。一般认为，个体兴趣指的是随着时间的迁移而不断发展的、相对稳定持久且与某一特定主题或领域有关的动机取向、个人倾向或个人偏好，它与知识、价值观及积极感情相关。而情境兴趣则发生在环境中的某些条件或特征具有吸引力并为个体所认识的那一刻。

二、需求和兴趣对课程设计的指导

（一）地方高校特色美育课程的文化认同与价值传递

地方高校的特色美育课程不仅仅是传授知识，它更承担着文化认同与价值传递的责任。美育课程应当帮助学生认识、理解并认同本土文化的独特性，这种文化认同感能够激发学生对地方文化的归属感，进而激发他们的学习兴趣和创造潜力。

例如，某些地区拥有深厚的民俗文化和传统艺术，这些特色文化常常是本地学生文化认同的根基。设计课程时，可以从这些地方特色入手，如闽南文化中的庙会艺术、山东鲁南的民间木雕，以及陕北的皮影戏等。通过让学生亲自体验这些传统艺术的魅力，他们不仅学到了技巧，还能在创作过程中感受到传统文化的深邃内涵。

在此过程中，课程设计要关注的不仅是艺术技法的教学，更重要的是通过故事性和历史性传递地方文化的情感与价值。例如，可以通过讲述地方历史故事或传说，让学生对传统艺术产生浓厚的兴趣，进而逐步建立文化自信。

（二）地方文化的跨文化对比与碰撞

在全球化日益加深的今天，地方高校的美育课程还需要重视跨文化对比的设计，尤其是在学生的兴趣和需求上。这种对比不仅能够增强学生的文化包容性和多元化的视野，也能激发学生思考地方文化如何在全球化背景下寻找其独特的位置。

例如，可以通过让学生比较地方传统艺术与国际现代艺术的不同，来激发他们对多元文化的理解与创新意识。设立一些跨文化艺术项目，让学生通过文化交流或艺术创作的方式，探索地方文化如何与全球艺术形式进行对话。比如，可以引导学生探讨中国传统水墨画和西方现代抽象画之间的相似与差异，或是分析地方民族舞蹈与现代舞蹈在情感表达上的不同。

通过这些跨文化的对比，学生不仅能够加深对地方文化的理解，还能意识到地方艺术在全球文化中的独特价值，从而激发他们的创新能力并形成全球化的思维方式。

（三）地方高校美育课程与社会发展需求对接

美育课程的设计还应关注社会发展与时代变迁对学生需求的影响。地方高校作为连接社会与教育的纽带，其课程设计需要与社会需求接轨，尤其是地方经济、社会发展以及文化产业发展的需求。通过这种对接，课程不仅能更好地服务学生的个性化发展，也能够让学生在课程学习中看到艺术和设计的社会价值。

比如，在一些地方，传统工艺、非遗文化正逐渐成为文化创意产业的重要组成部分。地方高校可以利用这一趋势，设计涉及手工艺品创意设计、非遗文化传承与创新等内容的美育课程。这些课程不仅能够培养学生的艺术创作能力，还能让学生意识到自己所学的文化技能和艺术作品具有市场价值，能够与社会需求相结合，创造出经济效益。

例如，在云南地区的美育课程中，可以让学生通过设计结合民族风情的现代商品（如手工编织、染布艺术）来理解地方文化与商业市场的结合。这种课程不仅能激发学生的设计创造力，还能培养他们的社会责任感，提高他们对文化产业的认识。

（四）兴趣驱动的个性化学习模式

随着教育理念的更新，传统的"一刀切"式的教学模式已不再适应当代学生的多元需求。地方高校在设计特色美育课程时，应当根据学生不同的兴趣爱好，提供多元化的学习方式和内容。通过兴趣驱动的课程设计，让学生能够主动选择自己喜爱的方向，进而发挥最大的潜力。

例如，对于喜欢雕塑、木艺的学生，可以设计专门的课程模块，提供与地方传统工艺相关的技能训练，并结合现代设计理念，培养学生的跨界创意。而对于偏向于传统书法和水墨画的学生，则可以设计深度的课程，探索这些传统艺术形式的现代创新路径。

同时，课程设计要注重学生在学习过程中的自主性，提供更多的实践机会和创作空间。例如，学校可以通过举办地方文化创意大赛、手工艺品展览等活动，鼓励学生将课堂学习的内容转化为实用的艺术作品，让他们在展示中得到成就感，并与他人分享自己的创作成果。

三、以学习需求和兴趣为中心的课程设计原则

（一）学生兴趣驱动的课程设计

课程设计应当以学生兴趣为出发点，激发学生的主动学习欲望。兴趣是最强的学习动力，只有在兴趣的引导下，学生才会更加投入，保持学习的持续性与深度。特别是在美育课程中，兴趣更是艺术创作的灵感的源泉。

例如，在地方高校的美育课程中，可以根据学生对不同艺术形式的兴趣设置个性化学习模块。如果一些学生对地方的民间工艺有浓厚兴趣，可以开设"地方传统手工艺"课程，专注于陶艺、剪纸、刺绣等地方艺术的技巧与文化背景；而对音乐、舞蹈感兴趣的学生，则可以开设更多富有地方特色的音乐与舞蹈课程，如地方戏曲与民族舞蹈的结合，以培养学生的

艺术素养。

通过这种以兴趣为导向的设计，能够使学生在自愿选择中更好地发挥个人特长和创造潜力，形成多元化的艺术表达方式和个性化的艺术风格。

（二）课程内容与学生需求紧密结合

地方高校的美育课程设计应当紧贴学生的学习需求，关注学生实际的艺术素养和文化背景。例如，地方文化在某些地区或许具有特殊的历史传承和文化习俗，这些地方特色文化常常深刻影响学生的兴趣和需求。课程设计需要注重这种文化认同感的培养，让学生通过学习，深入了解自己生长的文化背景，从而激发他们的艺术创造能力与自信心。

针对生活在南方的学生，可以设计一门结合地方特有的民间艺术和地方音乐的课程。这不仅符合学生对地方文化的情感需求，也能帮助他们在美育课程中找到与自己生活背景相关的切入点。通过学习和创作，学生不仅能够掌握技艺，更能够从中感受到地方文化的底蕴和情感表达。

（三）个性化与差异化的课程设置

每个学生的兴趣和需求都存在差异，这就要求课程设计不仅关注整体目标，还要关注学生的个体差异。通过设置不同层次、不同领域的课程内容，满足不同学生的个性化需求，激发他们的最大潜力。在地方高校中，针对基础较弱的学生，可以开设基础性的美术与艺术理论课程，帮助他们打好艺术创作的基础。而对于那些已经有一定艺术基础的学生，可以设置更具挑战性的跨学科创作课程，如结合地方文化与现代艺术的融合性创作课程，提升学生的综合艺术能力和创意思维。

课程设置还可以根据学生的兴趣方向提供更多选择，如传统文化艺术的创新设计、地方艺术与当代艺术的结合，或者是更专业化的数字艺术、文化产业管理等课程，以满足学生对未来职业发展的需求，培养他们的艺术创造力和实践能力。

（四）学习方式与学生参与感的增强

美育课程的设计不仅仅是传授知识，更重要的是要增加学生的参与感和实践机会，鼓励他们主动探索、创作和创新。以学生为中心的课程设计要打破传统的单向讲授模式，转向项目式学习、探究式学习等互动性强的方式，让学生在实际操作中主动发现问题、解决问题，培养他们的批判性思维与独立思考的能力。

可以通过设置地方文化主题的创作工作坊，让学生在导师的指导下，通过团队合作或个人创作的方式，探索传统艺术和当代艺术的结合。在工作坊中，学生不仅能够通过实际操作提升技能，还能通过合作交流碰撞出新的创意火花。这种以参与为主的课程设计，能够显著提升学生的学习动机和艺术实践能力。

第三节　跨学科融合和综合能力教育的课程设计原则

一、跨学科融合和综合能力教育的定义

（一）跨学科融合

随着全球生产方式和经济发展模式的转型，社会对创新型、复合型、具有多学科背景人才的需求加倍凸显。跨学科教育被认为是一种跨越传统学科边界和院系组织边界，通过系统的跨学科学习、教学与研究过程，培养具有复合知识结构、高阶思维和跨界能力人才的有效模式，目前已成为世界一流大学人才培养的重要途径。

跨学科（interdisciplinary）一词于 1920 年被收录于以"促进孤立学科相互整合"为宗旨的美国社会科学研究理事会（Social Science Research Council）的相关会议纪要中。20 世纪 50 年代，"跨学科"这一术语在社会科学界得到普遍使用。1972 年，经济合作与发展组织（OECD）教育研究与创新中心围绕跨学科组织了一场专题研讨会，并出版名为《跨学科：大学教学与研究问题》的论文集，明确提出"跨学科"的定义："跨学科是两门或两门以上不同学科之间的相互联系，从思想的简单交流到较大领域内教育与研究的概念、方法、程序、认识论、术语以及组织之间的相互联系。"跨学科团队由不同学科领域的成员组成，在团队中，成员之间不断地相互交流不同的概念、方法、资料与术语，形成合力，以致力于共同问题的解决。2004 年，在美国国家研究委员会（National Research Council）发

布的《促进跨学科研究》报告中，这一定义仍被沿用。

伴随着国际竞争的加剧以及全球性危机的潜伏和突变，跨学科教育日益得到很多国家的重视，不同国家、不同类型的高校都开始把改革的目光聚焦到跨学科教育上。纵观各国高校的教育教学改革，跨学科教育已然成为重要的生长点和聚焦点。

（二）综合能力教育

当今世界各国的经济繁荣和科技进步主要依靠高素质的人才，而在我国加入世界贸易组织后，更加迫切地需要大批高水平的知识精英来推动国家建设。地方高校作为培养未来社会栋梁之材的摇篮，也肩负着培养高素质人才的使命。为了培养这样的高素质人才，我们必须坚定不移地遵循党的教育方针，确保地方高校的大学生在道德、智力、体质、美感等方面都得到全面发展，提升他们的综合素质。

然而，在现实社会中，一些地方高校的大学生可能会只专注于自己的兴趣和爱好，追求狭隘的知识领域或专业领域。他们可能认为只要在某一方面有所特长，就足以在社会中立足。例如，有人过于偏重业务，忽视了政治素养；有人沉迷于科技，而忽视了人文关怀；还有一些人专注于书本知识，却忽视了社会实践。这种片面发展的倾向导致他们的综合素质出现了畸形状态。然而，这种畸形发展状态违背了事物的整体性原则，也不符合时代发展的需求。

在这种局面下，地方高校迫切需要进一步完善教育体系，培养出更多具备全面素质的高级专业人才。这包括将道德教育融入课程，强化学生政治意识和社会责任感，以培养更为全面的公民。地方高校应该鼓励学生跨学科学习，培养多元思维，注重综合能力的培养。只有通过这种全面的教育，地方高校才能满足国家建设所需的多样化、全面发展的人才需求，确保地方高校的大学生能够应对未来复杂多变的社会带来的挑战。地方高校美育特色课程应该积极响应这一挑战，将全面素质教育融入美育，培养更具综合素质的人才。

二、跨学科融合和综合素质对于课程设计的指导

美育，作为培养创造力、审美情感和文化传承的精髓领域，其课程设

计宛如一座知识的宝库、一场艺术的盛宴，蕴含着无限的可能性。然而，为了让美育特色课程散发出绚烂的光芒，跨学科融合与综合素质便成了我们的指引之星，为其打开了广阔的天地。美育是知识的交汇点，融汇绘画、音乐、文学、舞蹈等多个领域的精华，让学生在这个交汇之处感受到多元文化的融合和交流。通过美育，学生可以感受生活中的美丽，感知艺术的奇妙。这里，知识和艺术交织在一起，点亮了学习的火花，启迪了创造力的闪光。跨学科融合是美育特色课程的一项重要特征，它将不同学科之间的边界模糊化，创造了一个融合了科学、文学、历史和艺术的多元领域。这种融合使学生能够以更全面的方式理解美的本质，不仅仅局限于视觉或听觉，而是将美涵盖在各个方面。

综合素质，恰似美育特色课程的精髓，它如一幅华丽的画布，将道德情感、创造力以及批判性思维等多重元素交织在一起，构成了美育的丰富面貌。道德情感教育，堪比珍贵的宝石，它在学生心灵深处培养着对美的虔诚敬仰。这样的品德不仅引导学生以崇高的标准欣赏美，更使他们变得更加敏感于美的存在。在这个过程中，道德情感成为学生内在的灵魂之光，照亮着他们前行的道路。创造力则是美育的生命之泉，它让学生的心智在美的熏陶下得以绽放。创造力是探索、表达和展现美的关键。在美育的庇荫下，学生通过绘画、音乐、文学等各种形式，将生活中的片段提炼成艺术的精髓，并将自己的内心情感融入作品之中。创造力不仅为学生的成长增添了色彩，也让他们成了美的创造者，塑造着美的未来。而批判性思维则是美育的智慧之源，它让学生能够更深入地洞察和分析美的多重层面。在美育的环境中，学生不仅欣赏美，而且能够理解美的内涵，挖掘美的深刻意义。批判性思维赋予学生独立思考的能力，让他们不再仅仅是美的感受者，更成为美的解读者和美的传播者。

美育的核心是通过艺术和文化的魔力，让学生深刻地领悟生命的美丽与深刻。然而，美育领域绝非独行其是，它是与其他学科密切交织在一起，才能使美的共振之音传得更深远。美育是一扇通往美的神奇之门，它以画笔、音符、文学、舞蹈等多种艺术语言为桥梁，引领人们到无限美的世界。美育特色课程通过这座桥梁，让学生走进艺术的殿堂，感受生命的多彩。然而，美育的魅力并不孤立地存在。它需要与其他学科融合，像大自然中不同元素相互交织，形成美的化学反应。音乐与数学的交融，使学生领悟到数学的旋律之美；文学与历史的交汇，让历史故事更富有文学内涵。

美育特色课程的设计正是一场跨学科的航行，一次综合素质的启程。通过融合不同学科，提高学生的综合素质，美育将成为引导学生进入美的奇妙世界的灵魂之路。因此，跨学科融合和综合素质应当成为美育特色课程设计的指导星光，引领学生在美的海洋中航行，永不止步。

（一）跨学科主题设计扩展

设计涵盖多个学科内容的主题，旨在让学生在学习过程中能够跨越学科界限，综合运用各种知识和技能，培养他们的综合素养和解决问题的能力。例如，设计一个关于"环境保护"的主题，学生除了学习地理学中的环境问题、生物学中的生态系统知识外，还可以了解到化学中的环境污染物种类及其影响、社会学中的环境意识和行为等内容，从而形成全面的环境保护意识。通过这样的跨学科设计，学生将不仅了解到环境保护的多方面知识，还能够掌握相关技能，为解决现实生活中的环境问题提供更全面和有效的解决方案。

（二）跨学科项目实践扩展

组织学生参与跨学科的项目实践活动，通过团队合作解决复杂的现实问题，培养他们的团队合作精神、创新意识和实践能力。例如，设计一个"城市规划与建设"项目，学生需要运用地理、城市规划、建筑设计等多个学科的知识，共同规划一个虚拟城市的发展方案，并提出相应的建设计划和政策建议。在这个项目中，学生可以通过实地考察、数据分析、模拟建设等方式，了解城市发展的各个方面，并通过团队协作解决城市规划和建设中的问题和挑战。这样的项目实践不仅加深了学生对多学科知识的理解和应用，还培养了他们解决问题的能力和团队合作精神，为他们未来的职业发展奠定了坚实的基础。

三、跨学科融合和综合素质能力的课程设计原则

在高校特色美育课程中，我们将美育视为一种旨在培养学生正确的审美观和高尚的审美情趣的教育活动。在这个背景下，我们结合地方高校的特色，特别强调了艺术美育和学科美育的融合，以更全面地提高学生感受美、鉴赏美和创造美的能力。艺术美育方面，我们注重培养学生对艺术美、

自然美、生活美、社会美的感知、发现、体验和欣赏能力。通过富有创意的课程设计和实践活动，学生可以深入感受不同领域的美，并培养对多样化美的欣赏能力。艺术美育的实施将通过丰富的艺术形式，如绘画、音乐、舞蹈等，为学生提供多元的感官体验，从而拓展他们的审美感知范围。学科美育方面，我们强调利用特定学科所蕴含的独特美育资源。教师将根据各学科的审美标准，结合学科教学内容，以美育的视角重新把握不同学科的教学任务。通过创新的教学方法和跨学科的融合，学生将能够在学科学习中感知美、理解美、体验美、鉴赏美、迁移美并创造美。例如，在科学课程中，可以通过实验和观察来培养学生对自然美的认知；同时，在人文社科课程中，可以通过文学、历史等方式拓展学生对社会美的理解。地方高校的特色美育课程将致力于打破传统的学科界限，通过艺术美育和学科美育的有机结合，为学生提供全面、深入的美育体验，培养其对美的敏感性和创造性思维，使其在未来更好地适应社会并为社会发展作出积极贡献。

在地方高校特色美育课程中，我们将美育行为的不同层次与学习层次结合，通过感知与理解美、体验与鉴赏美、迁移与创造美三个层次，分别对应学习理解、应用实践与迁移创新三个学习层次，构建了一个有机的美育体系。在感知与理解美的层次，我们强调学生对美的认知和理解，通过学习理解层次，培养学生对各种美的形式的敏感性和理解力。在这一阶段，学科美育将各个学科的审美标准融入教学，使学生在学科学习中培养审美观。在体验与鉴赏美的层次，我们注重学生通过应用实践，通过实际体验和实践活动来深化对美的感受和鉴赏能力。在这个层次，我们可以引入各种艺术形式和创意活动，例如绘画、音乐演奏、舞蹈表演等，以提高学生的审美感知和鉴赏水平。在迁移与创造美的层次，我们强调学生在迁移创新层次上能够将所学的美育内容运用到不同的领域，并创造性地发挥。在这一层次，跨学科美育发挥了重要作用，强调美育与德育、智育、体育、劳动教育的融合。通过各学科的有机融合，形成包括心灵美、语言美、行为美、科学美、秩序美、健康美、勤劳美、艺术美等丰富美育资源的生态体系。

跨学科主题教学在这个过程中被引入，以项目和主题为引领实施跨学科教学。这种教学策略强调学科的独立性，同时注重学科的融合，为提升人才培养质量提供了积极而稳妥的途径。通过这一综合性的美育体系，地方高校可以更好地培养学生的审美情趣、创造力和综合素养，使其更好地适应未来社会的需求。

在这一课程框架中，视觉形象的感知、理解和创造成为核心特征，形成了逐步递进、前后衔接的课程结构，旨在充分考虑不同年龄段学生在美术方面的情感特征、认知水平和实践能力。美术学科的广泛内容涵盖美术语言、美术表现、美术媒介、美术作品、风格流派、艺术家等。与此前所述相同，美术学科与自然科学在课程内容特点、课程理念、研究方法上存在相似性，都在视觉性、情境性、人文性的基础上整合课程内容，以实现跨学科教学效果的最大化。

在这一框架中，关注两门学科的学习方法和思维特点。美术学科注重艺术性思维和审美化升华的成果，强调学生在创作中的艺术性表达能力和感知能力；而自然科学则专注于概念的探究、认知与应用，鼓励学生运用科学思维解决实际问题。这种差异性的学科特点为学生提供了多元的思考方式，促使他们在美术和自然科学领域形成独立而有深度的思维模式。

课程融合对学生外显行为素养和内隐情感态度的塑造，主要通过培养科学素养、创新精神、探究精神、团队协商、逻辑思维、批判思考、实践操作、审美判断、美术表现等多方面素养来实现。通过综合培养这些素养，学生将在跨学科的学习环境中全面发展，不仅提升对美术和自然科学知识的综合应用能力，还培养出团队协作、逻辑思考和创新领域的全面素养。

总体而言，这一框架旨在整合美术学科和自然科学学科的学习内容和方法，使学生在跨学科的环境中得到全面发展。通过整合艺术性和科学性，培养学生审美、探究、团队合作等综合素养，旨在使学生更好地理解和应用所学知识，提高他们在美术和自然科学领域的整体素养。

跨学科教学方法的扩展：采用多样化的跨学科教学方法，如问题解决式学习、探究式学习、项目驱动式学习等，以激发学生的学习兴趣和培养其综合分析和解决问题的能力。例如，设计一个探究性的实验课程，学生需要结合物理、化学、生物等学科知识，设计并实施一个科学实验来探究某一现象的原理和规律。在这个过程中，学生将运用不同学科的知识和技能，培养跨学科思维，提高综合分析和解决问题的能力。

跨学科评价体系的扩展：建立综合的跨学科评价体系，评价学生在各个学科领域的综合素质和能力水平，包括项目成果、团队合作能力、创新能力等方面。例如，设计一个综合评价任务，要求学生团队合作完成一个综合性项目，评价标准除了考虑项目成果外，还包括报告展示、团队合作表现等方面。通过这样的综合评价，能够全面地反映学生的综合素质和能力水平，激励其在跨学科学习中不断提升。

课程资源整合的扩展：整合各学科的教学资源和学习资源，为学生提供更加丰富和多样化的学习体验，利用数字化技术和网络资源打破学科壁垒，构建跨学科的学习平台。例如，建立一个在线学习平台，集成各学科的教学视频、电子书籍、在线课程等资源，学生可以随时随地进行跨学科学习，并通过互动式学习方式获得丰富的学习体验。这样的课程资源整合能够满足学生多样化的学习需求，促进跨学科知识的交流与共享，提升学生的学习效果和学习体验。

第四章
地方高校美育特色课程的构建与实施

第一节　地方高校美育特色课程构建的方法

一、树立"大美育"理念

地方高校在美育特色课程体系的构建阶段，迫切需要秉持"大美育"理念，因为美育的价值与影响不仅仅限于学校教育领域，还贯穿于社会生活的各个领域。自然之美、社会之美、艺术之美等多种形式的美，都可成为美育的宝贵素材，而我们的日常生活中有很多美育的契机与场所。因此，高校的美育工作必须超越传统的课堂教育，将其扩展至课外和社会生活中。我们必须深刻认识到，美育的实施途径和形式应具备多样性。这需要认真制订全面的规划，而不是简单地将美育特色课程嵌入公共艺术教育或通识教育中。相反，我们应根据学生的个性需求和学校的办学特色，全面规划美育特色课程，将其融入各个学科之中。

这种综合性规划有助于美育在课堂教学、课外实践和校园文化中协同发挥作用，形成一股强大的合力，推动学生审美教育。"大美育"理念也强调美育的社会化，即美育不应仅依赖学校内部的资源和课程，还应借助文化、政治、经济、科技等领域的美育元素。因此，高校应积极整合社会资源，建立多维一体的育人格局，与教育宣传部门和文化部门建立长期合作关系，吸引更多的社会力量参与美育工作。这一系列努力不仅有助于培养具备审美素养的学生，还可以为社会美育和文化繁荣贡献力量。高校可以建立丰富多彩的美育课外活动体系，提供更多艺术展览、讲座和社会实践的机会，实现学校与社会的密切互动，创造自由开放的大美育环境。这将为学生提供更广泛的美育体验，为社会美育事业注入新的生机。

二、完善美育特色课程目标

根据《关于全面加强和改进新时代学校美育工作的意见》要求，地方高校在构建美育特色课程体系之前，需要对课程目标作出精准科学的定位，即以培养审美、人文素养为核心，以培育创新能力为重点。此外，美育特色课程目标的设置还应该始终坚持美育的三项基本原则。

（一）系统性原则

系统性原则在美育特色课程目标设计中起着至关重要的作用。首先，它要求学校确保美育特色课程的目标与其他课程的目标之间存在平衡和关联。这意味着美育不应孤立存在，而应与学校的整体办学目的、人才培养目标以及教学目标相衔接。纵向目标设置需要与学校的长远规划密切关联，确保美育目标与学生的整体成长路径相契合。同时，横向目标的设置要突出美育的独特育人功能，例如将审美能力要素纳入美育特色课程目标中，以促使美育特色课程目标与其他学科的目标深度融合，创造出学科整合的有机效果。这样的系统性设计有助于确保美育不仅是单独存在的一门课程，而是与学生的全面发展密切相关的重要组成部分。

（二）适应性原则

适应性原则强调美育特色课程目标的设计应考虑学生的现有审美经验和审美素养，这意味着目标设置应该能够顺利挖掘学生的审美潜能，并与实际的学情相适应。每个学生的审美背景和能力都不尽相同，因此，美育特色课程的目标应该具有灵活性，以满足不同学生的需求。适应性原则也要求美育教学活动具有针对性，能够根据学生的特点和需求进行调整，以确保每个学生都能够在审美领域得到充分发展。这一原则有助于提高美育特色课程的效益和吸引力，使学生更容易产生积极的审美体验。

（三）层次性原则

层次性原则将美育特色课程目标分为认知层次、情感层次和行为层次，根据布鲁姆提出的教育目标分类理论进行划分。这种分层次的目标设置有助于明确美育特色课程的发展路径和重点。首先，认知层次的目标涉及学生对美的认知和理解，包括审美规律的掌握。其次，情感层次的目标强调培养学生的审美情感和态度，包括树立正确的审美观和培养高尚的审美情操。最后，行为层次的目标关注学生在实际行动中的表现，包括提升审美意识、感知力、鉴赏力以及创造力。这些目标的细化和明确有助于教师更好地指导学生，确保他们在不同层次上都能够取得审美教育的实际成果。这一层次性原则为美育特色课程的规划和实施提供了清晰的指导，有助于培养具备全面审美素养的学生。

三、优化美育特色课程设置

美育特色课程是美育实践的主要载体，通过对美育特色课程的优化设置，可以更好地确保美育达到理想的效果。在高校设置美育特色课程时，有几个关键原则和方法应该被充分考虑，以最大限度地提升学生的审美素养和社会认知，促进其个性化发展。

美育特色课程的设置需要建立在美育学科与教育学科的基础之上，并紧密关注各个学科之间的联系。这意味着我们应该充分利用学科之间的共通性和互补性，在综合的基础上规划课程内容。为了吸引学生的兴趣，我们应该设计一系列吸引人的教学活动，使美育特色课程更具吸引力。这种综合性的设计有助于提高学生的审美素养和社会认知能力，推动他们的全面发展。课程设置应关注课程知识之间的系统性和连贯性，将美育特色课程紧密联系到各个专业的人才培养目标上。根据美育特色课程的特点，我们可以针对不同专业和不同年级的学生设计差异化的美育特色课程，以满足他们个性化的美育学习需求。这样，我们可以逐步使学生更紧密地围绕美育目标。学校还应该有意识地将美育特色课程与其他学科课程相互渗透，以拓展美育特色课程的边界。这可以进一步增加美育特色课程的深度和广度，使其不仅局限于艺术类和美学类学校。我们可以创建各种类型的美育特色课程，如艺术美育、自然美育、社会美育、道德美育等，以适应不同学科的性质和要求。这有助于引导学生在美育学习过程中学会客观分析社会问题，增强他们的社会认知能力。

各种美育特色课程在培养学生方面各有不同的重点。艺术美育强调鉴赏艺术之美，旨在提高学生的人文素养、艺术鉴赏能力和艺术创造力。自然美育着重尊重学生的自然天性和自然规律，通过亲身体验和实际操作，帮助学生深入认识外部世界。社会美育引导学生通过观察和体验了解社会发展规律，激发对美好生活的情感。道德美育则通过榜样和先进的力量引导学生主动学习，提升情操和品质，规范自身的言行，培养道德情操和健康的审美情趣。这些不同类型的美育特色课程共同构建了一个多样化的教育体系，有助于满足不同学生的需求，并在不同方面促进他们的成长和发展。

四、推进美育实践多样化

高校在构建音乐、美术、舞蹈、戏剧、摄影等美育课程时，应该考虑设计相关的实践课程，以便更深入地介绍这些艺术形态和艺术本体。这样的实践课程可以帮助学生更好地理解和感知艺术，进一步强化他们的艺术感知能力。在课程设计中，高校应该根据学校的现有资源、办学特点、学生的发展需求以及地域文化等因素，积极创新美育实践活动的形式。例如，随着乡村振兴战略的不断推进，学校可以将美育特色课程融入乡村建设，设计与农村生活相关的课题，如垃圾处理、村落规划与建设等，将美育内容融入其中。通过与其他相关专业的合作，学生可以以小组为单位开展深入的调研和分析工作，结合调研结果制订实施方案。这样的实践活动可以使美育转化为实际成果，充分锻炼学生的专业能力并提高审美能力，从而达到最佳的美育效果。

同时，高校美育实践活动也需要适应时代发展的节奏。这意味着不仅要紧密贴合学生的学习和实际生活，还要结合前沿的产业发展趋势，以从美育的角度积极引导和塑造学生的思想。这样的举措可以使美育更加现代化，使学生更好地适应当今社会的文化和艺术需求。

最后，高校还应该将传统文化与数字化展示相结合，推动"地域文化"和"特色民俗"进入校园。这可以通过在课程、社会活动、讲座、研究等方面强化美育特色课程的建设来实现。将数字化文物视为学校的重要资源，可以为数字媒介美术辅修等课程的开设提供坚实基础。通过这些举措，学校可以传承和弘扬传统文化，同时推动学生在数字媒介和艺术领域的发展，实现美育特色课程体系的全面建设。

五、拓展美育实施路径

艺术课程和美学课程虽然属于美育特色课程体系的一部分，但不能完全等同于美育特色课程。因此，高校应积极拓展美育的实施途径，充分利用其他学科课程、艺术社团、课外美育实践活动以及校园美育文化等各种载体，以渗透和引导的方式进行美育，促进学生审美能力和审美价值观的提升。

高校可以组织主题美育讲座。定期邀请不同学科背景的专家和学者进校园开展主题讲座，围绕特定的美育主题进行深度解读和分析。例如，可以以"美育视角下的中国舞蹈美学内涵"为主题，从舞蹈的功能、分类、表演形式等方面深入探讨，丰富学生的舞蹈理论知识，同时通过与学生互动交流，使学生更深刻地理解艺术对日常生活产生的积极影响。这样的讲座可以激发学生的思维，让他们领悟到美育中蕴含的人生内涵，提升其内在精神品格。

高校可以鼓励学生自行组建美育相关的社团。学生可以根据共同的兴趣、特长、目标和爱好组建社团，这些社团可以成为美育实践的重要平台。学校应该采取课程化管理方式来引导学生积极参与社团活动，如大学生艺术展演、文化展览、书法和绘画竞赛等。通过多样化的美育活动，学生可以学习、模仿、创造和再创造艺术作品，增进对艺术之美的理解，提高艺术审美能力和创造力。这些活动可以温润学生的心灵，促使他们更深入地体验美育的价值。

高校应该加强校园文化建设，将校园文化与美育相结合。校园文化是学校的精神所在，应该包括校训、校风、教风、学风等元素。学校可以注重校园绿化环境、人文景观、文化设施和教室环境的设计和建设，以将美育的理念渗透到校园文化中。这样可以丰富美育的内涵，打造学校的美育特色，促进学校的内涵发展。通过这些举措，高校可以更全面地发挥校园文化的美育功能，帮助学生培养审美情感和价值观，提高他们的美育素养。

六、强化美育师资队伍

对于美育特色课程的成功实施至关重要，因为师资队伍的素质和能力直接影响美育的效果以及教学目标的达成。为了确保美育的质量和效果，以及给学生带来积极的学习和情感体验，高校应该高度重视专业化美育师资队伍的建设。高校应该在美育实施的不同阶段考虑各学科之间的均衡性，以优化师资力量的分配。这意味着需要保持各学科师资的相对平衡，而不是过度强调理论教学。高校可以考虑招聘当地的作家、歌唱家、影视导演、舞蹈家等文艺从业者，以充实美育师资队伍。这样可以更好地支持美育实践课程，促进文化艺术传承，提升学生的艺术素养和文化认同感。高校应该提升美育师资的综合素养。美育特色课程具有综合性的特点，要求教师不仅具备丰富的专业知识和卓越的专业技能，还需要掌握一定的美学、教育学、心理学等跨学科知识，以及高尚的情感和人文素养。只有这样，教师才能在实际的教学环境中高质量地完成理论和技能传授任务，激发学生的情感，培养学生具备"求真、向善、尚美"的人格魅力。高校应该加大美育师资队伍的培养力度。基于美育的综合性特点，高校可以科学规划美育师资的培养方式和培养方案，以提高教师的美育水平和审美能力。这样的培养可以更好地满足学校美育的目标要求，确保美育特色课程的高质量教学和实施。通过以上措施，高校可以建立强大的美育师资队伍，为学生提供更丰富的美育教育，促使他们在审美领域取得更大的成就。

七、健全美育评价机制

健全美育评价机制是课程教学必不可少的环节，主要从美育活动的前期准备、中期实施、后期结果三个维度出发，对课程实施情况展开测量、分析、价值判断，因此，美育教学评价具有诊断、导向、激励、管理等功能。高校在针对美育特色课程构建评价机制的过程中，需要基于美育育人的特点、功能、实施路径，有针对性地完善美育评价机制，使之成为美育特色课程教学以及课程体系构建的导向。

第一，组建美育评价机构。高校应根据美育特色课程的独特性质，成立专门的美育评价机构，由具有相关教育背景和经验的教师组成。这个机构的任务是制定全面的美育评价体系，并确保其在实际教育中得以准确贯彻。通过这一机构的建立，可以确保美育特色课程在引导学生感受美、鉴赏美、表现美、创造美等方面发挥最大效果，强调美育的教化功能，使其在学校教育体系中发挥应有的作用。评价机构的存在将有助于提高美育特色课程的质量和效果，为学生提供更丰富的美育体验。

第二，突出美育本体属性。在进行美育评价时，应该始终贯穿美育的核心特点和本质属性。这意味着美育的评价不仅要关注学生的最终表现，还要注重评价过程中的各个阶段，以及学生在美育特色课程中的成长和发展。评价不应仅仅是一次性的测量，而应包括阶段性评价、形成性评价和发展性评价。这样的评价方式有助于更全面地了解学生的美育进步，帮助他们不断提高审美能力、艺术鉴赏水平和创造性表现，确保美育特色课程的目标得以有效实现。同时，突出美育本体属性也有助于评价过程中更好地捕捉学生的艺术体验和情感体验，使评价更加全面和有深度。

第三，厘清美育内涵。高校在进行美育评价时，必须深刻理解评价的最终目的是促进学生的学习和教育，而不仅仅是对学生的表面性成绩进行测量。因此，评价过程应该重视两个关键方面：过程性评价和实效性评价。过程性评价是指在美育特色课程进行中，持续关注学生的学习过程和进展的评价方式。这包括观察学生在美育活动中的参与程度、表现和反馈，以及他们在课堂内外的美育体验。通过过程性评价，教师和评价者可以更好地了解学生在美育特色课程中的学习动态，发现问题并及时采取措施加以改进。这种评价方式强调学习过程的重要性，有助于学生更好地理解和欣赏美，培养持续的审美兴趣。实效性评价是指评估美育特色课程的最终结果和影响。这包括学生在美育方面的知识和技能的提高，以及他们对美的理解和欣赏水平的提升。实效性评价关注美育特色课程对学生的长期影响，包括其对个人发展、社会参与和文化认同的贡献。通过实效性评价，学校可以更全面地了解美育特色课程的价值和效果，确保美育的目标得以实现，同时也有助于推动教育评价的改革，使评价更加综合和有意义。综合而言，厘清美育内涵意味着要明确美育评价的目标和方法，以确保评价过程更加全面、深入，从而促进学生的全面发展。这也是教育评价改革的一部分，旨在提高教育质量和效果。

第四，创新美育评价方式。在当今科技飞速发展的时代，学校可以积极借鉴现代技术，如人工智能、大数据分析和区块链等，来创新美育评价方式，以更全面、高效、准确地评估学生的美育学习成果。以下是一些创新美育评价方式的思路。

引入人工智能技术。通过人工智能技术，可以开发智能化的美育评价工具，用于分析学生在美育特色课程中的表现和成长。这些工具可以根据学生的学习数据和表现，提供个性化的反馈和建议，帮助学生更好地理解和提高审美能力。此外，人工智能还可以用于自动化评价和比较不同学生之间的美育成就，从而更公平地评价。

利用大数据分析。学校可以收集和分析大量的美育学习数据，以识别学生的学习趋势和需求。通过大数据分析，可以发现学生在哪些方面需要额外的支持和指导，以及哪些教学方法和资源最有效。这种数据驱动的评价方式可以帮助学校更好地优化美育特色课程和教学方法。

采用区块链技术。区块链技术可以用于建立透明、不可篡改的美育评价记录系统。每个学生的美育学习成果都可以被记录在区块链上，以确保数据的安全性和可信度。这种方式可以防止学术造假和作弊行为，同时也为学生提供了可靠的美育学习证明。

实施多维度、全过程、立体式评价。传统的评价方式往往只注重学业成绩，而忽略了学生的其他潜能和能力。创新的评价方式应该包括多维度的评价标准，考查学生审美能力、创造力、沟通能力等方面的表现。同时，评价应该贯穿整个美育学习过程，而不仅仅是课程结束时的一次性测试。这种全过程的评价可以更好地反映学生成长和发展。立体式评价则意味着采用多种评价方法，如作品展示、口头表达、书面报告等，以全面了解学生的美育表现。

创新美育评价方式可以使评价更加科学和有效，有助于促进学生的全面发展和提高美育质量。通过现代技术和多元评价方法的结合，美育评价可以更好地适应时代的需求和学生的个性化发展需求。

总之，美育在陶冶情操、提高人文素质、智力开发等方面发挥着重要作用，有助于促进学生的全面发展，这些功能是其他教育方式难以替代的。因此，高校应充分认识到美育对学生成长与发展的重要性，并以问题为导向，采取一系列措施，如倡导"大美育"理念、完善美育特色课程目标、优化美育特色课程设置、推进多样化美育实践、开拓实施路径、加强师资队伍建设、健全评价机制等，以加快美育特色课程体系的建设，确保美育有序展开，有效培养学生的审美观念和创新意识，拓宽学生的视野，使他们在美的艺术熏陶下，达到精神丰富与充实的目标。

第二节　地方高校美育特色误程实施的关键路径

一、地方高校美育特色课程构建的关键路径

（一）改革创新美育第一课堂建设

高校美育的第一课堂被视为美育工作的主要战场之一，因此必须进一步深化改革和创新高校美育特色课程建设。在人才培养方案中，关键在于充分利用和发挥美育特色课程的潜力。为此，首先要从创新美育通识课程教学模式方面迈出坚实的步伐。在美育通识课程的教学过程中，必须巧妙地结合慕课、翻转课堂、微课等新型教学模式，以实现更为有效的教学目标。特色创新在于将慕课、翻转课堂和微课等前沿教学方法与美育特色课程紧密结合，为学生提供更为灵活、多样的学习途径，激发他们的学习兴趣和参与热情。通过这种创新教学模式，学生不仅可以在课堂上接受系统的理论教育，还可以通过自主学习和实践探究，深度挖掘美育的内涵，培养创新能力与综合素养。在教学中，应遵循美育培养人的规律，强调在美育理论和美育欣赏的基础上进行理论和实践的互动式教学，从而在美育特色课程教学中有机实施美育实践环节。这一特色在于将美育理论与实践相结合，通过理论教学引导学生深入理解美育内涵，然后通过实践环节加深学生对美育的体验和认识，使学生在实践中更好地掌握美育技能和方法。需要优化美育选修课的教学成效。美育选修课作为高校美育特色课程的重要组成部分，在非艺术类和师范类高校尤为重要，因此，必须确保所有学生都能全面参与美育选修课程。为了实现这一目标，应该全面优化美育选修课的课程建设，从选修课的开设、实施到反馈三个方面入手，以全方位提升美育选修课的课程教学成效。特色之处在于针对不同类型高校的学生，量身定制美育选修课程，使其更贴近学生的兴趣和需求，从而提高学生的参与度和学习效果。

实施美育元素的课程思政是关键的一环。基于各学科、专业和课程的实际情况，应引导教师逐步将美育思想融入各专业课程的教学中，准确实

施课程思政教学改革，强化课程思政与美育元素的有机融合。这种努力将使得理学课程呈现严谨的美、工学课程体现工匠精神的美、文学课程展示语言的美，从而塑造鲜明的"课程思政+美育"特色，为高校美育工作的深化提供坚实支持。特色之处在于将美育思想与课程思政有机融合，通过专业课程的教学实践，培养学生的思想道德素质和美育素养，为学生成长成才提供有力支持。

（二）融合发展美育第二课堂建设

高校美育第二课堂建设是丰富多彩的美育特色课程的主要承载体，也是高校美育工作中不可或缺的重要组成部分。在高校美育第二课堂的工作中，着重在学生美育社团、课外文体科技活动、志愿服务和社会实践等方面引领学生树立高尚的审美情操、深厚的爱国情怀，同时培养学生创新能力。在培育美育第二课堂品牌方面，针对当前大学生群体，需要深入了解学生的个性特点，遵循高校育人工作规律和学生成长规律，精心培育美育第二课堂品牌活动和美育精品社团。同时，积极推进基于新媒体平台的美育品牌宣传，通过形成多维度、成体系、有影响的新媒体宣传效应，实现"线下活动组织实施+线上活动展示推广"的工作形态。这种综合宣传策略有助于吸引更多学生参与美育活动，提高美育活动的影响力和知名度。

在配合美育第一课堂建设方面，高校在美育第二课堂的活动组织中应充分考虑与美育第一课堂的衔接。通过将第二课堂美育活动的设计、组织、开展与第一课堂的美育理论知识进行互动，使第二课堂成为第一课堂的实践教学延伸，形成"课内+课外"美育教育联动的工作机制。这种有机的衔接将使学生在美育方面得到更全面的培养，促使他们将理论知识应用于实际操作中，加深对美育理念的理解与实践。

综合而言，高校美育的第二课堂建设在培养学生审美情操、爱国情怀和创新能力方面具有重要作用，通过全面发展这一方面的工作，可以为高校美育事业的深入发展奠定坚实的基础。特色之处在于将丰富多彩的美育特色课程作为第二课堂的主要内容，通过培育品牌活动和精品社团，以及利用新媒体平台进行宣传推广，全面提升美育活动的吸引力和影响力，同时与第一课堂的理论知识相结合，实现理论与实践的有机融合，为学生的全面发展提供有力的支持。

（三）优化整合美育师资队伍

当前，国内高校美育师资队伍的建设整体相对薄弱，而且面临着适应美育工作需求和高校美育师资结构实际情况的挑战，因此，高校亟须培养出一支美育素质高、业务能力精湛、教学水平卓越的师资队伍。在优化美育第一课堂师资发展方面，可以通过"引、招、培"，培养"德艺双馨""德才兼备"的美育第一课堂师资。首先，逐步引进美育各学科的骨干教师，以确保高校拥有一支学科涵盖面广、实力雄厚的美育师资队伍。其次，在招聘教师和辅导员的计划中，设置一定比例的美育专业岗位，以确保每位教师都具备扎实的美育专业知识。最后，对本校已有美育功底的辅导员和行政干部进行美育教学能力培训，通过"三管齐下"的策略逐步完善、充实、强化高校美育师资队伍，为美育第一课堂提供有力支持。

面对新时代高校美育工作，必须充分把握德育和美育工作之间的有机联系。通过辅导员美育专项能力提升工程，重点培养辅导员优秀传统文化素养和艺术修养，提升辅导员将美育和德育融合工作的能力。同时，组织辅导员利用专业视角组织学生的美育第二课堂活动，以确保高校美育第二课堂活动能够有效支撑，并提升其品质和成效。通过这些综合性的举措，高校可以逐步优化整合美育特色课程师资队伍建设，为全面提升美育质量和水平奠定坚实基础。

（四）统筹推进美育场馆建设

高校美育场馆作为高校美育工作不可或缺的平台，需要结合自身美育的实际情况，采取统筹规划、分批建设、多元融合的方式推进美育场馆的建设。在因地制宜建设美育场馆方面，高校应根据美育特色课程的实际需求，科学规划美育场馆的功能、规模和建设进程。在有限的经费投入基础上，特别需要借鉴国外高校美育场馆建设经验。重点考虑多功能场馆的建设，以确保一个美育场馆能够兼顾多项美育活动，例如音乐、舞蹈双功能教室，美术、书法双功能教室，小型多功能演出厅等。这样的多功能场馆能够更全面地支持和促进不同领域的美育活动，提高美育资源的综合利用效率。

在合作共赢地建设美育场馆方面，高校美育工作应充分利用社会美育资源，积极与社会艺术工作者的工作室共建。这种合作形式既加强了校园美育和社会美育之间的互动，又为高校师生打造了丰富的美育文化实践基地。通过与社会艺术工作者共建美育场馆，高校可以融合外部专业力量，拓宽美育资源渠道，营造校园文化氛围，为师生提供更广阔、更丰富的美育学习和实践空间。这种合作共赢的模式有助于拓展美育工作的深度和广度，为高校美育事业的全面发展奠定坚实基础。

（五）大力营造美育校园文化

在高校中，校园的每一块砖、每一片瓦都承载着独特的景色，而每一株草、每一棵树都蕴含着深刻的寓意，构成了高校育人工作的"空气"，这正是校园文化的独特魅力。在高校的校园文化建设中，有必要大力营造美育校园文化，使美育理念深度融入校园文化，充分挖掘校园文化中蕴含的美育内涵，从而塑造丰富的校园文化与美育氛围。高校可以通过引入美育元素丰富校园文化的内涵。这包括在校园建筑中融入艺术设计，打造富有审美价值的景观。例如，将艺术品、雕塑等置于校园中，使校园成为充满艺术氛围的空间。同时，举办定期的美育活动，如艺术展览、音乐会、戏剧表演等，让校园充满艺术氛围，激发学生对美的热爱与感知。学校还可以通过挖掘校园文化的历史底蕴，弘扬传统文化的美育内涵。在校园文化建设中，可以注重发掘校园的历史故事、传统文化，通过美育方式传承和展示。组织丰富多彩的文化活动，如书法展示、传统音乐演出、传统手工艺品制作等，使学生在参与活动的过程中感受到传统文化的魅力，培养对美的传统认知。高校还可以通过倡导美育理念，培养校园成员的美育素养。通过举办美育培训、讲座、工作坊等形式，引导教职员工和学生深入理解美育理念与重要性。倡导美育理念，使之贯穿于教育、管理、生活的方方面面，形成共同的美育价值观念。高校可以通过整合美育资源，推动校园文化与美育的有机结合。建立校内美育资源中心，整合艺术家、美术教育专家、文化机构等资源，为校园文化注入更多的美育元素。通过与外部美育机构、艺术家的合作，引入更多高水平的美育活动，为校园文化注入活力与创新。

总之，大力营造美育校园文化是高校文化建设的重要方向。通过将美育理念融入校园文化，挖掘美育内涵，高校能够创造出一个充满艺术与美感的校园环境，激发学生对美的独特感悟，培养综合素养，促进学生全面发展。这样的校园文化与美育氛围将为高校的育人工作提供有力的支持和积极的推动。

二、地方高校美育教材编写的关键路径

（一）寻找优质参考书和文章

要编写一本优秀的美育特色教材，首先需要寻找最好的参考书和文章。以下是一些方法。

1.查阅被引用次数较多的特色文献

多次被引用的文献通常是领域内的重要著作，因此，通过学术搜索引擎或学术数据库查找被引用次数较多的文献，可以帮助您找到权威且深入的资料。这些文献可能包括经典著作、专业期刊论文以及权威机构的研究报告。

2.请教美育领域专家或教育学者

寻求专家或学者的建议是获取优质参考书籍和文章的一种有效途径。您可以联系领域内的专家、教育学者或美育从业者，向他们咨询推荐的书单、期刊或网站。他们的经验和见解可能会为您提供宝贵的指导。

3.利用学术搜索引擎和数据库

通过使用学术搜索引擎或学术数据库，您可以检索到大量与美育特色教育相关的研究和文章。您可以使用相关的关键词和术语进行搜索，以获取与您感兴趣的主题相关的最新研究成果。同时，您还可以利用这些平台提供的筛选功能，限定检索结果的时间范围、文献类型等，以找到最适合您需求的资料。

（二）建立教材的逻辑框架

一旦确定了基本内容和参考书目，就需要建立教材的逻辑框架。这个框架将决定教材的组织结构和章节划分。在构建逻辑框架时，可以考虑以下几点。

1.逻辑流畅性

为了确保教材的内容按照逻辑顺序组织，使学习者能够逐步理解和吸收知识，编写者需要注意教材的结构安排、逻辑连接、引导式问题和重点强调等方面。首先，教材应该有清晰的章节结构和段落组织，使学习者能

够知道每个主题的起始点和结束点。每个章节都应以概述开始，然后逐步深入讨论相关主题，并以总结结束，确保知识点之间的连贯性。其次，逻辑连接词的运用至关重要，它们可以帮助引导学习者理解内容之间的关系，确保句子和段落的衔接顺畅。此外，在教材中引入引导式问题和例证，可以帮助学习者将不同概念和观点联系起来，促进他们对知识的深入理解。最后，通过反复强调重点，教材能够让学习者重点关注并理解重要内容，同时，在章节之间和整个教材中进行逻辑衔接，使学习者能够建立知识的连贯性和完整性。

2. 分级教学

考虑学习者的不同水平和需求，为不同层次的学生提供适当的教材内容是非常重要的。编写者可以通过明确学习目标、差异化教学策略、分层次练习和评估以及灵活调整教学节奏等方法实现分级教学。首先，制订清晰的学习目标可以帮助编写者了解学生的学习需求，并根据学生的经验知识和技能水平进行内容安排。其次，采用差异化的教学策略和方法，为高水平和低水平学生提供不同的指导和支持，确保每个学生都能够得到适当的学习体验。再者，设计不同难度和复杂度的练习和评估任务，有助于教师了解学生的学习情况，并及时调整教学内容和方法。最后，灵活调整教学节奏和进度，根据学生的学习情况和反馈及时调整教学策略和教材内容，以确保教学的有效性和学习的效果。

3. 实践性内容

教材中包含实践性内容有助于学生将理论知识应用到实际中。编写者可以通过引入实际案例、设计练习和活动、提供实践指导和反思环节以及鼓励学生实践探索等方法实现这一目标。首先，引入真实的案例和情境，可以让学生通过分析和解决实际问题来理解和应用所学知识，加深对知识的理解和记忆。其次，设计各种练习和活动可以帮助学生提高问题解决能力和实践能力，并增强他们的学习兴趣和参与度。再者，在教材中提供实践指导和反思环节，可以引导学生对实践过程进行反思和总结，从而提高他们的自我认知和学习效果。最后，鼓励学生积极参与实践探索和创新活动，可以帮助他们将所学知识应用到实际情境中，培养解决问题的能力和创新思维，促进学习的全面发展。

（三）注入创新点

美育特色教材需要具有创新性，以吸引学生并激发他们的创造力和审美能力。创新点可以包括以下几点。

1. 引入最新研究成果

为了使教材具有前瞻性，编写者应该积极引入当前领域的最新研究成果和发展趋势。这包括但不限于美育理论、教学方法、艺术创作技巧等方面的最新研究成果。通过将这些新颖的观点和发现融入教材，可以使学习者对领域的发展方向有更清晰的认识，并激发他们的学习兴趣。编写者可以通过参考最新的学术期刊、研究报告、专业会议论文等渠道获取这些研究成果，并将其适当地整合到教材的相关章节中，确保教材的内容与时俱进，具有一定的前瞻性。

2. 融入实践经验

为了让学生更好地理解艺术创作和鉴赏，教材应该结合实际艺术实践经验，以丰富和深化理论知识。这可以通过引入艺术家的创作经历、艺术作品的实际案例分析、现场观摩和实地考察等方式来实现。通过这些实践性的内容，学生可以直观地感受到艺术创作的过程和技巧，并深入了解艺术作品背后的艺术思想和文化内涵。编写者可以设计一系列的实践性活动和案例研究，让学生亲身参与到艺术实践中，从而提高他们的实践能力和艺术鉴赏水平。

3. 跨学科内容

为了拓宽学生的视野，教材应该将美育与其他学科（如历史、文化、心理学等）联系起来，呈现跨学科的内容。这可以帮助学生更全面地理解美育的内涵和意义，同时促进他们在不同学科之间的跨界思维和综合能力的培养。编写者可以通过引入相关学科的理论知识、案例分析和实践活动，将美育与其他学科进行有机结合，打破学科间的壁垒，拓展学生的知识面和思维空间。这样的跨学科内容不仅能够增强教材的丰富性和多样性，而且能够使学生在学习过程中获得更广泛的知识和经验。

（四）资料收集和整理

编写美育特色教材需要广泛的资料支持。您可以通过以下方法来收集和整理资料。

1. 查找与美育特色教育相关的资料

在编写教材之前，首先要进行广泛的文献检索，以确保教材内容的权威性和全面性。这包括查找与美育特色教育相关的书籍、期刊文章和研究报告等资料。编写者可以通过学术数据库、图书馆资源、在线期刊等渠道进行检索，找到最新的研究成果和理论观点。在选择文献时，需要注意文献的可信度和适用性，尽量选择被同行评议过的高质量文献，以确保教材内容的准确性和科学性。同时，还应该关注前沿研究和新兴理论，将最新的研究成果融入教材中，使其具有前瞻性和实用性。

2. 与艺术家、美育教育者和从业者交流

除了文献检索，还可以通过与艺术家、美育教育者和从业者进行交流，获取他们的实践经验和见解。这些实践者通常具有丰富的现场教学经验和实际操作经验，可以为教材编写者提供宝贵的教学案例和教学方法。编写者可以通过参加专业会议、学术研讨会、教育工作坊等活动，与同行进行交流和讨论，了解他们的教学实践和教学心得。此外，还可以通过访谈、问卷调查等方式，收集和整理实践者的意见和建议，用于教材内容的完善和更新。

3. 收集与美育特色实践相关的案例和实际作品

教材编写者还应该收集与美育特色实践相关的案例和实际作品，用于教材中的示例和分析。这些案例和作品可以是经典的艺术作品、优秀的教学实践案例、成功的项目经验等。编写者可以通过各种渠道收集这些案例和作品，如参观展览、阅读专业杂志、浏览网络资源等。在教材编写过程中，可以引用这些案例和作品作为教学内容的具体示例，帮助学生更好地理解理论知识和实践技能的应用。同时，通过对这些案例和作品的分析和解读，可以深入探讨美育特色实践的内涵和意义，促进学生的思考和学习。

（五）编写教材

编写教材是一个需要耐心和细致的过程。在编写教材时，应该确保以下几个方面。

1. 内容准确性

在编写教材时，内容的准确性是至关重要的。为了确保教材中的信息和数据准确无误，编写者需要进行仔细的核实和验证。这包括查阅权威资料、参考多个信息来源、与专业人士进行讨论等方式。在引用数据和他人观点时，应该注明来源并进行交叉验证，以避免错误和误导。此外，对于涉及学科知识的部分，应该确保内容符合最新的研究成果和学术观点，以保持教材的权威性和前沿性。

2. 语言表达

教材的语言表达应该通顺、清晰，避免歧义和模糊性。编写者应该注意使用简明扼要的语言，避免使用复杂的词汇和句式，以确保学生能够轻松理解并消化教材内容。同时，应该注意语言的准确性和规范性，避免使用模棱两可或不准确的表达方式。在编写教材时，可以借助专业编辑或同行评审等方式对语言表达进行审查和修改，以确保教材的语言质量达到要求。

3. 教材格式

教材的格式应该统一，排版整洁易读。编写者应该根据教材的内容和结构，合理安排章节和段落，确保内容之间的逻辑关系清晰明了。同时，应该统一字体、字号、行间距等格式要素，使教材整体风格统一，易于阅读和理解。在排版过程中，还应该注意避免出现错版、错页等问题，以确保教材的印刷质量和美观。

4. 校对和修改

在教材编写完成后，需要进行多次校对和修改，以纠正错误和改进表达。编写者可以邀请同行专家或资深教师参与校对工作，让他们发现教材中存在的问题并提出改进建议。同时，也可以通过反复阅读和审查教材，自行发现并修改其中的错误和不足之处。在修改过程中，应该注重细节，确保教材的每一个方面都达到要求。最终，经过多次校对和修改，教材的质量将得到有效提升，从而更好地满足学生的学习需求。

编写美育特色教材需要综合考虑教育理论、艺术实践和学生需求，确保教材内容具有深度和启发性。与美育领域的专家和从业者保持联系，以获取最新的见解和建议，有助于编写出高质量的教材，为学生提供丰富的美育教育体验。

三、地方高校美育师资培养的关键路径

（一）师资培养的必要性

党的十九届五中全会明确提出了教育领域的重要任务，其中关注教师教书育人能力素质的提升以及学生文明素养、社会责任意识、实践本领的增强。这一重要指导方针要求高校在教育工作中发挥关键作用，特别是在培养一流教师队伍方面。为了贯彻这一指示，高校需要聚焦习近平总书记关于成为党和人民满意的"四有"好老师的重要论述。这包括了几个核心要素，其中理想信念代表了教师的坚定信仰和对教育事业的热爱，道德情操则涵盖了教师的职业操守和道德标准，扎实学识强调了教师必须具备高水平的学科知识和教育理论，而仁爱之心则强调了教师关爱和关心学生成长的责任。

加强思想政治工作一直是高校教育的核心任务之一，而习近平总书记的指导思想更是为这一工作提供了重要的引领。在党的十九届五中全会中，强调了思想政治工作的重要性，特别强调了高校教师在这一工作中的责任和使命。高校教师在教育学生时，必须首先自己具备坚定的理想信念和道德品质。这意味着教育者需要不断地自我学习、自我提高，成为先进思想文化的传播者。高校应该建立完善的教师政治理论学习制度，确保教师在教育教学工作中能够用马克思主义中国化最新成果武装自己的头脑。这将有助于教师将自己的理想信念建立在对科学理论的理性认同、对历史发展规律的正确认识、对基本国情的准确把握上。高校还需要加强对党员教师的教育管理和服务工作，这包括推动教师党支部建设，将各类优秀教师凝聚在党的周围。通过这种方式，高校可以更好地引导教师将党的理念和信念融入自己的教育工作中，增强党组织的凝聚力和引领力。高校还应积极组织各类教师参与实践锻炼，包括海外留学归国教师和青年教师到中央国家机关、地方基层、国有企业等领域的实践锻炼。这种实践锻炼有助于教师增进对国情、民情、社情的了解，使他们更好地理解党的指导思想，真正将信仰信念植根于灵魂深处。加强思想政治工作对于高校教育质量的提升和学生全面发展至关重要。高校应积极响应习近平总书记的指导，坚定理想信念，加强党建工作，推动思想政治工作的深入开展，为培养更多优

秀人才作出积极贡献。

抓好师德师风建设是高校教育工作中一项至关重要的任务。教师的道德情操和行为准则直接影响着学生的人格养成，对于育人成效有着深远的影响。因此，高校需要采取一系列措施来全面推进师德师风建设，以确保广大教师以身作则，树立起高尚的师德典范，将良好的师德师风传承久远。高校应该加强制度体系建设，将师德师风建设纳入全面的规章制度中。这包括严格的教师聘用标准和评优评先机制等。通过制度的约束和监督，能够确保教师始终遵守行为准则，保持高尚的道德情操。高校需要创新师德教育的方式和方法。不仅要注重理论教育，还要注重实践和体验教育。全员、全方位、全过程的师德养成是非常重要的，需要引导教师弘扬社会主义核心价值观，从中华优秀传统文化中汲取丰厚的道德滋养。教师应当将教书与育人相统一、言传与身教相统一、潜心问道与关注社会相统一、学术自由与学术规范相统一，以德立身、以德立学、以德施教、以德育德，用自己的行为为学生树立榜样。高校还应该鼓励教师培养奉献精神，将培养高尚的道德情操和健康的志趣爱好视为终身课题。教师的教育工作不仅仅是传授知识，更是培养学生的人格和品德。因此，教师需要不断提高自己的道德水平，用自己的模范行为来影响和带动学生，引导他们走向光明、正义、高尚的道路。抓好师德师风建设是高校教育事业的迫切需要。只有通过全面的制度建设、创新的教育方式和方法以及教师自身的不断提高，才能确保高校教育质量不断提升，为社会的建设和发展作出积极贡献。

提升教师的学识能力是高校教育工作中的一项关键任务。教师作为知识的传授者和引导者，必须具备扎实的知识功底、过硬的教学能力、勤勉的教学态度和科学的教学方法。其中，知识功底是这些基本素质的基础，也是教育事业的根本。高校在提升教师学识能力方面应当紧紧围绕培养中国特色社会主义事业建设者和接班人的目标。教师需要具备国际视野、家国情怀和创新思维等新时代人才的基本素质。因此，高校应该注重引导广大教师不仅要成为"大先生"，传承经典，还要成为"教书匠"，熟练运用各种教学方法，培养学生的实际能力。终身学习理念是教师队伍建设的重要理念，高校应该将其贯穿于教师的职业生涯始终，为教师提供持续的学习和培训机会，帮助他们不断提升教学技能，拓展职业发展渠道。同时，高校也应该加强对中青年学术骨干和学科带头人的培养，通过统筹学科建设、人才培养、科研创新、国际交流与合作等方面的政策和资源，推动教师的全面发展。教师的成长需要多方面的支持和培养。高校可以通过人才培育项目来引导教师的发展，通过课题和智库研究来支持教师的发展，通过健全的教育培训体系来促进教师的发展，以及通过多元化的活动来服务教师的发展。这些举措可以帮助教师不断提高自己的学识能力，更好地为教育事业和学生的成长作出贡献。

打造教师的良好形象是高校教育工作中至关重要的一环。教育不仅仅是理论上的传授，更需要情感上的滋润和共鸣。为了让学生真诚地接受教师的教育引导，高校需要积极为教师和学生之间的沟通交流架设桥梁，建立起师生之间相互尊重、理解和关怀的基础。在这一过程中，教师要以理解和引导的态度对待学生在成长中遇到的问题，用情感去感动人、培养人、影响人。教师应该充分了解学生的需求，努力成为学生的好朋友和贴心人，引导他们进行自我教育、自我完善，向他们传递人生的智慧和价值观。在这个过程中，教师不仅仅是知识的传授者，更是学生在成长道路上的引路人和榜样。为了进一步塑造教师的良好形象，高校可以建立和完善教师荣誉体系，选树师德标兵，加大奖励表彰力度，从物质和精神上肯定教师的辛勤工作和贡献。同时，高校还可以创新宣传教育形式，讲好教师的师德故事，弘扬楷模精神，营造尊师重教的校园文化。通过这些方式，高校可以在潜移默化中为学生提供人生启迪和精神力量，促使他们更好地理解和尊敬教师，树立积极向上的人生观和价值观。

（二）美育特色课程师资培养的路径

美育作为教育体系中的重要组成部分，对于培养学生的综合素质和审美情感至关重要。然而，要想确保高质量的美育特色课程，一个关键因素是拥有合格且富有激情的美育教师队伍。本文将探讨美育特色课程师资培养的路径，探讨如何培养具备理论水平、创新能力和教育热情的美育教师，以更好地满足当代教育的需求。

1.建立全面的师资培养体系

要培养出高水平的美育教师，首先需要建立全面的师资培养体系。这一体系应包括课程设置、教育资源、教学实践和培训计划等方面的内容。师资培养计划应该围绕以下几个核心领域展开。

（1）专业知识与技能培养

深刻理解艺术形式、文化传统和审美理念是美育教师不可或缺的素质。他们需要对各种艺术形式有深刻的了解，包括绘画、音乐、舞蹈、戏剧等多个领域。这意味着他们必须深入研究艺术的历史、发展和演变，掌握不同艺术流派的特点。培训计划应该设计多样化的专业课程，确保美育教师能够获得全面而深入的艺术知识。在绘画领域，美育教师需要学习不同的绘画技巧、材料和工具的应用，以便能够教导学生表现他们的创意和想法；对音乐、舞蹈和戏剧等领域，教师需要深入研究演出技巧、舞台设计、编排和剧本创作等方面的知识，以便在教学中提供全面的指导。

（2）教育理论与方法

美育教师不仅需要熟悉艺术本身，还需要掌握教育理论和方法。这涉及教育心理学、课程设计、教学策略和评估方法等多个领域。了解学生的认知和情感发展过程对于制定有效的教育计划至关重要。教育心理学的知识能够帮助教师更好地理解学生的需求和挑战，从而更好地满足学生的学习需求。此外，课程设计方面的知识对于构建有吸引力和有针对性的美育特色课程至关重要。美育教师需要学习如何制订教学目标、选择适当的教材和资源，以及设计有效的评估方法，以确保学生在审美教育中取得积极的成果。

（3）实践经验

理论知识的学习只是培养卓越美育教师的一部分。实践经验同样至关重要。未来的美育教师应该有机会亲身体验教育现场，积累宝贵的教学经验。这可以通过实习和教育实践来实现，确保他们能够将理论知识应用到实际教学中。在实际教育环境中，美育教师可以面对各种不同的学生需求和挑战，从而更好地理解如何个性化地教导学生。实践经验还可以帮助他们更好地适应不同年龄段学生的需求，并发展出创新的教学方法。因此，培养美育教师需要包括丰富的实践机会，以提高他们的教育水平和教学质量。

2.寻找和培养教育热情

当成为一名杰出的美育教师时，仅仅具备专业知识和教育技能是不够的。在这个领域中，追求卓越需要更多元的元素。教育的真正力量来自热爱教育本身，激发学生的好奇心，并培养他们的创造性和想象力。因此，师资培训计划的一个关键重点应该是发现和培养这股教育热情。

这一目标可以通过多种途径实现。首先，导师制度是一个有力的工具，通过导师的指导，未来的美育教师可以更好地理解学生的需求，学习如何创建一个积极的学习环境。导师的经验和指导可以让新教师从中汲取宝贵的教育智慧，进一步磨炼他们的教育技巧。

教育心理学课程也是非常重要的一部分。这些课程可以帮助教育者更深刻地理解学生的思维和情感，从而更好地设计教学。了解学生的内在世界，包括他们的需求、挑战和潜力，有助于美育教师更有针对性地开展工作。

实习经验是将理论知识付诸实践的关键机会。通过亲身教学的经历，未来的美育教师可以锻炼自己的教育热情。实践中的挑战和成功将有助于他们不断改进教学方法，同时也增强他们对教育的热情。

总之，要成为一名出色的美育教师，不仅需要专业知识和技能，还需要热爱教育，并不断追求教育的卓越。导师制度、教育心理学课程和实习经验是培养和激发这股教育热情的关键，可以帮助未来的美育教师更好地服务于学生和教育事业。

3.提供终身学习机会

美育领域在不断演进和发展，因此，美育教师需要时刻保持知识和教育方法的更新。为满足这一需求，教育机构应积极提供终身学习的机会，以确保美育教师能够不断提升自己的专业水平，并保持与最新的美育趋势和教育理论接轨。

终身学习的机会可以通过多种方式来实现。首先，定期举办研讨会、讲座和工作坊是其中的一种方式。这些活动为美育教师提供了一个互动和学习的平台，使他们能够了解最新的美育发展，分享经验，并深入探讨教育理念和策略的变化。这样的交流有助于教师保持对教育领域的敏感性，并及时调整自己的教学方法。

鼓励美育教师积极参与研究项目也是非常重要的。通过参与研究，他们不仅可以为美育领域的知识贡献自己的一份力量，还可以与其他领域的专业人士合作，推动美育领域的不断创新。这种积极的参与有助于教师将理论知识付诸实践，并在教育实践中不断寻求改进。

总之，提供终身学习的机会是培养杰出美育教师的关键因素之一。教育机构应该积极为美育教师提供不断学习的平台，以确保他们始终保持在专业水平的前沿，并促进美育领域不断发展和创新。这样的努力将有助于提升教育质量，培养更具影响力的美育教师队伍。

4.建立合作与分享的文化

美育是一项协作性极强的任务，美育教师可以通过密切合作和经验分享来共同提高教学质量。因此，在教育机构内建立一种鼓励合作和分享的文化至关重要。这种文化的建立有多种方式，其中一种是鼓励美育教师之间展开合作，不仅限于课堂教学，还包括共同开展项目、共同设计课程和进行研究等。

此外，借助现代科技和社交媒体的力量，可以为美育教师之间的交流和经验分享提供更广泛的平台。建立在线社交媒体群体或专门的教育平台，可以促进跨地区和跨学校的教师互相启发。这种跨界的合作和分享有助于将不同经验和视角融合在一起，从而更有效地推动美育的进步。

值得注意的是，美育特色课程的成功与否在很大程度上取决于美育教师的质量。因此，建立全面的师资培训体系非常关键。这一体系应包括培养教育热情、提供终身学习机会以及鼓励合作与分享的文化。通过这些举措，可以更好地培养出卓越的美育教师，为学生提供更富有创意和想象力的教育体验。这将有助于激发学生的创造力和想象力，培养未来的艺术家和创意领袖。

总之，美育在塑造未来的艺术家和创意领袖方面发挥着重要作用。通过建立强大的师资培养体系，促进教师之间的合作和分享，可以不断提高美育的教育质量，为学生提供更为丰富和有启发性的教育，助力他们发展创造力和想象力。因此，师资培养在实现这一目标时扮演着关键角色。

第三节　地方高校美育特色课程的评价与改进机制

学校课程评价与改进机制是学校教育质量不断提高的关键。本书该部分将探讨学校课程评价与改进机制的意义、运作方式以及潜在挑战，并提出一些改进的建议。

一、地方高校美育特色课程实施背景

美育特色课程改革的背景受到多种因素的综合影响。全球化、技术发展和文化多样性推动着美育特色课程更加多元化。同时，创意经济的兴起以及学生需求的变化也在塑造着美育的未来。此外，研究和教育理论的发展以及政策和社会对美育的认可也在推动美育特色课程改革。这一背景下，美育特色课程改革旨在培养更具创造力、实践能力和创新思维的学生，以适应现代社会和经济环境的要求。学校课程被视为教育的核心，直接塑造学生成绩和竞争力。然而，回顾历史，我们会发现学校课程通常存在一些问题，主要表现为它们缺乏科学性和灵活性，难以满足多样化学生的需求，这强调了建立一个持续的课程评价和改进机制的至关重要性。

这一评估和改进机制的价值在于，它不仅有助于确保课程的时效性和有效性，还能够为学生提供更具启发性和实用性的教育体验。通过定期审视和更新课程内容，学校可以更好地反映社会和行业的最新发展趋势，确保教育内容与实际需求保持一致。这将有助于学生更好地准备迎接竞争激烈的世界，提高他们的竞争力，使他们在未来的职业生涯中更有优势。课程评价和改进机制的建立旨在确保学校课程不仅具备科学性和适应性，还能够为学生提供最优质的教育体验，增强他们在竞争激烈的环境中的竞争力。这对于学生未来的发展至关重要，同时也有助于提高整个教育系统的质量和效能。

二、学校课程评价的意义

学校课程评价承担着重要的角色，其意义不可忽视。首先，它作为一种检验工具，帮助学校审视课程的有效性和质量。通过深入分析学生的学习成果和课程的教学过程，评价能够准确地捕捉到教育体系中存在的问题和挑战。这种课程诊断有助于学校在早期发现和识别教学上的弱点，从而及时采取纠正措施，确保学生能够获得最佳的学习效果。学校课程评价具有调整和优化课程的潜力。评价的结果提供了有关学生的学习需求、反馈意见以及教学方法的宝贵信息。这使学校能够灵活地根据反馈意见来更新课程内容和改进教学方法。这种定期的优化过程可以确保课程与不断变化的学生需求和现实环境保持一致，为学生提供更具挑战性和启发性的学术经历。

学校课程评价的意义在于帮助学校检验和提高课程的质量，确保学生能够获得优质的教育。它不仅有助于解决教学中的问题，还有助于不断改进课程内容和教学方法，以更好地满足学兰的学习需求，从而为他们的未来成功打下坚实的基础。

三、学校课程改进机制的运作方式

学校课程改进机制的确立是为了持续提高教育质量，它包括评价、分析、反馈和改进这四个关键环节，每个环节都扮演着重要的角色。首先，定期的课程评价是机制的基石。通过这一环节，学校能够积极收集学生的学习体验和教师的反馈意见。学生的观点和体验提供了宝贵的信息，帮助学校了解课程的实际效果，而教师的反馈则有助于揭示教学中的问题和挑战。

对评价结果进行仔细分析是机制的关键步骤。这一环节要求学校深入挖掘评价数据，找出问题所在，并明确改进的方向。通过分析，学校能够识别出教育体系中的薄弱环节，为后续的改进工作提供指导。将评价结果及改进方案反馈给相关教师和学生至关重要。这不仅加强了他们的参与感和共同责任感，也使他们建立了一种教育共同体精神。学校可以通过分享评价数据和改进计划，促进教师和学生之间的互动和协作，从而更好地应对课程挑战。根据反馈结果进行课程改进是该机制的最终目标。通过有针对性地调整课程内容、教学方法和资源配置，学校能够持续提升教学质量。这种循环性的改进过程确保了课程的时效性和适应性，有助于学校更好地满足学生的学习需求，提供更高质量的教育体验。

学校课程改进机制的四个环节相互衔接，共同构建了一个持续提高教育质量的框架。通过评价、分析、反馈和改进，学校能够不断优化教育过程，确保学生能够获得最优质的学习经历，提高他们的学术成就并增加未来成功的机会。这个机制不仅有助于学生的发展，也提升了整个教育系统的效能。

四、评价指标的选择

学生的学习成绩是一个自然的评价指标，它可以反映出学生在课程学习中的学术表现。这包括他们在考试、测验和作业中的得分情况，以及他们在学科知识上的掌握程度。学生的学术成绩是评价课程效果的一项重要因素，但不应仅限于此。考虑到教育的多元性，评价指标还应关注学生的知识应用能力。这意味着要考查学生是否能够将所学知识与能力运用到解决实际问题中，以及他们是否具备批判性思维和解决问题的能力。

学习兴趣也是一个重要的因素，因为它可以反映出学生对课程的投入程度。学生的学习兴趣和积极性对于学习效果有着明显的影响，因此，评价指标应该考虑到这一方面，以确保课程能够激发学生的学习兴趣。创新思维是现代教育中越来越重要的一个方面。评价指标可以包括学生的创造力、创新能力和解决问题的能力等要素。这有助于评估课程是否培养了学生的创新潜力，使他们能够在未来的职业生涯中脱颖而出。

评价指标还应该考虑学生毕业后的就业情况。这可以通过跟踪毕业生的职业发展、就业率和薪资水平来实现。这有助于评估课程是否为学生提供了具有竞争力的职业技能。学生对课程的满意度也应该被视为一个重要的评价指标。他们的反馈和意见可以揭示课程中的潜在问题以及需要改进的方面。

在选择评价指标时，综合考虑这些因素可以帮助学校建立更全面、更多样化的课程评价体系，确保课程的质量和效果得到有效的衡量和提升。这有助于实现教育的持续改进，以更好地满足学生的学习需求和未来职业要求。

五、潜在挑战

建立一个有效的学校课程评价与改进机制是一项具有挑战性的任务，需要克服多种潜在问题。首先，这需要学校投入大量的人力、物力和财力。评价与改进机制的建立和运营需要专门的人员来收集、分析和解释数据，制订改进计划并监督实施。同时，需要投入资源来开发和维护评价工具、数据管理系统，以及培训评价人员。这可能对学校的预算和资源分配构成一定的负担。

其次，评价结果的客观性和准确性是一个严峻的挑战。评价过程涉及多个主观因素，包括评价人员的主观判断和学生的自我评价。为了确保评价的客观性，需要制订明确的评价标准和标准化的评价工具，并对评价人员进行培训，以提高评价人员的一致性和准确性。此外，采用多种评价方法和多角度的数据收集有助于减少主观性的影响，提高评价的客观性。

另一个潜在的挑战是改进方案的实施需要学校与教师的密切合作和有效沟通。改进课程需要协调多个教育领域的相关方，包括管理层、教师、学生和家长。确保改进方案的成功需要建立有效的沟通渠道，促进共识和合作。同时，教师的参与和支持是至关重要的，因为他们需要积极采纳和执行改进措施，并将其融入课堂教学中。

总之，建立有效的学校课程评价与改进机制面临人力、物力和财力的资源挑战，以及评价客观性和改进方案实施的复杂性挑战。然而，克服这些挑战是值得的，因为它们有助于提高教育质量，确保学生能够获得更优质的学习体验和更好的教育成果。通过持续努力和改进，学校可以逐步克服这些挑战，建立起更加强大和有效的评价与改进体系。

六、建立多元化的评价体系

建立一个多元化的学校课程评价体系具有显著的益处和重要性。多元化的评价方式有助于全面评估学生的学习成绩和水平。传统的定期考试虽然能够提供一定程度的学术评估，但它们可能无法充分反映出学生的全面能力。通过引入多种评价方式，如小组讨论、实践报告、项目作业等，可以更好地捕捉到学生在不同方面的表现和才华。这样的多元化评价有助于确保评价结果更全面和准确，反映出学生的综合素质。多元化的评价体系还有助于发现学生的潜力和个性特长。每位学生都有自己独特的学习方式和强项，仅仅依赖标准化考试分数难以捕捉到这些多样性。通过提供不同类型的评价机会，学校可以帮助学生发现自己的兴趣和潜能，并鼓励他们在感兴趣的领域更深入地学习和发展。这不仅有助于个体学生的成长，也丰富了学校的教育环境。多元化的评价方式有助于减轻学生的考试压力。仅仅依赖定期考试可能会给学生带来过大的焦虑和压力，影响他们的学习体验。通过引入其他形式的评价，如课堂参与、项目评估等，学生可以在更宽松的环境中展示他们的知识和能力，从而减少单一考试压力带来的负面影响。

建立多元化的学校课程评价体系对于全面了解学生的学习成绩、潜力和个性特长至关重要。这样的体系不仅有助于提高评价的全面性和准确性，还有助于激发学生的兴趣和潜力，减轻他们的考试压力，为他们提供更具启发性的学习体验。通过充分利用多种评价方式，学校可以更好地满足学生的多样化需求，促进他们的全面发展。

七、鼓励教师的教学创新

学校课程评价与改进机制的一个关键目标是激励教师的教学创新，这对于提高教育教学质量至关重要。首先，评价结果为教师提供了有关自己教学效果的反馈。通过深入分析评价数据，教师可以了解自己在教学过程中的亮点和不足之处。这种自我反思有助于教师调整教学策略，采用更有效的教学方法，提高教学质量，从而更好地满足学生的学习需求。

学校可以为教师提供培训机会和专业发展支持，以激发他们的教学热情和创新能力。培训可以涵盖最新的教育理论、教学方法和教育技术，帮助教师不断更新自己的知识和技能。此外，专业发展支持可以包括与其他教育专业人员合作、参与研究项目以及与同行分享最佳实践的机会等。这样的支持和机会可以激发教师的创新精神，鼓励他们尝试新的教育方法和教学策略，从而不断改进课程。

教师的创新能力对于提高课程质量和激发学生的兴趣至关重要。通过鼓励教师参与教育创新，并为他们提供相应的支持，学校可以建立一个积极的教育环境，激发教师的教学热情，同时也促进了教育体系的不断进步。这样的机制有助于确保学生获得最富启发性和创造性的教育体验，提高他们的学术成就和终身学习能力。

八、建立学生参与机制

学生的参与可以通过多种方式实现。学校可以积极鼓励学生参与课程评价的过程，例如组织学生代表参与评价小组，让他们分享对课程的看法和建议。此外，学校还可以定期开展学生满意度调查，征集学生的反馈意见。这种直接的学生参与不仅有助于了解学生的需求和感受，还能够提供实际的课程改进建议。学生的意见和建议应该受到充分的重视和尊重，这意味着学校需要建立开放的沟通渠道，鼓励学生分享他们的看法，同时要积极回应他们的反馈。学校可以设立专门的反馈机制，确保学生的声音得到及时关注，并采取措施解决他们提出的问题。学生的参与不仅有助于发现课程中的问题，还可以为课程改进提供新的创意和方向。学校还可以利用学生参与机制培养学生的参与精神和民主意识。通过参与课程评价过程，学生可以学习如何表达自己的观点、倾听他人的意见，并与教育机构合作提高教育质量。这种参与精神对于培养学生的领导能力和社会责任感非常重要。

建立学生参与机制有助于提高课程的实效性和适应性，确保教育真正服务于学生的需求。通过积极鼓励学生参与课程评价，重视他们的反馈意见，并培养他们的参与精神，学校可以营造更加开放、民主和协作的教育环境，为学生提供更有价值和质量的教育体验。

九、促进学校与企业的合作

学校与企业的合作可以实现市场需求与课程内容的有效对接。随着社会和行业的不断发展，市场对人才的需求也在不断演变。通过与企业建立紧密联系，学校可以及时了解市场对各个专业领域的需求，包括技能、知识和素质。这种信息的获取可以帮助学校调整课程内容、更新教材和重新定义教学目标，以确保学生毕业后具备符合市场需求的技能和能力。学生的实习和实践经验可以被纳入课程评价的指标中，这有助于将课程与实际工作场景相联系，为学生提供更具实用性的教育体验。通过与企业合作，学校可以为学生提供实习和实践机会，使他们有机会将课堂学习与现实工作相结合。这不仅有助于学生的职业准备，还可以作为评价指标的一部分，反映学生在实际工作环境中的表现和应用能力。学校与企业的合作也有助于搭建教育与职业之间的桥梁。通过与企业建立合作伙伴关系，学校可以为学生提供更多的就业机会和职业指导。企业可以提供实际的职业建议、行业见解和职业导师支持，帮助学生更好地规划自己的职业发展道路。这种合作关系有助于学校为学生提供更全面的职业发展支持，使他们更好地准备进入职场。

促进学校与企业的合作是建立有效的课程评价与改进机制的关键步骤之一。这种合作关系有助于确保课程与市场需求保持一致，提高学生的职业竞争力，并架起教育与职业之间的桥梁。通过共同努力，学校和企业可以为学生提供更具实际意义的教育体验，使他们更好地适应不断变化的职场环境。

十、改进学校管理机制

学校管理层需要提供全力支持和保障，以确保课程评价与改进机制得以顺利实施。这包括设立相应的组织机构和配备专门的人员，负责协调和推进评价工作。这个组织机构可以包括评价委员会或课程改进团队，他们负责制订评价计划，收集和分析数据，制订改进策略，并监督改进措施的实施。此外，还需要明确的责任分工和工作流程，确保评价工作有序进行。学校管理层应充分投入资源，为课程改进提供有力的支持。资源包括人力、物力和财力，这些资源的充足性对于评价工作的质量和效果至关重要。学校需要拥有专业的评价人员和数据分析师，以确保数据的收集和分析具有科学性和准确性。此外，学校还需要投入资金来开发评价工具、维护数据管理系统，并开展培训和专业发展活动。只有在资源的支持下，评价与改进机制才能够顺利运行，取得实际的效果。学校管理层还需要建立一种文化，鼓励和支持教师和学生参与评价与改进工作。这包括提供相应的激励措施，如奖励和认可，以鼓励积极参与和创新。同时，还需要建立有效的沟通渠道，确保评价结果和改进计划能够被广泛传达和理解。学校管理层的领导和示范作用对于建立这种文化至关重要。

改进学校管理机制是确保课程评价与改进机制有效运行的关键因素之一。学校管理层的全力支持、资源投入和文化建设对于评价工作的成功至关重要。只有在学校管理层的积极推动下，评价与改进机制才能够发挥最大的作用，为提高教育质量、改善学生的学习体验作出实质性的贡献。这将有助于学校更好地适应不断变化的教育环境，提高教育水平，培养具有创新和实践能力的未来人才。

十一、总结

学校课程评价与改进机制是教育体系中的重要组成部分，其作用深远而不可低估。它不仅关乎教育质量的提升，还直接关系到学生的未来发展。然而，建立有效的评价与改进机制并非易事，需要学校和教师的共同努力，以创造更为深刻和广泛的影响。

第一，多元化的评价体系是构建有效机制的关键。传统的评价方法常常侧重于学生的考试成绩，而忽略了其他重要的因素。一个综合的评价体系应该包括学生的学业成绩、知识掌握情况、学习兴趣、创新思维、实际应用能力等多个方面。这样的多元化评价不仅更全面地反映了学生的综合素质，还有助于发现他们的潜力和个性特长。

第二，鼓励教师创新是课程改进的关键。教师在教育中扮演着重要的角色，他们的教学方法和教育理念直接影响着学生的学习。因此，教师需要有机会不断提升自己的教学水平，并尝试新的教育方法和策略。学校可以为教师提供培训机会和专业发展支持，以激发他们的教学热情和创新能力。通过建立积极的教育创新文化，学校可以推动教师积极参与课程改进工作。

第三，学生参与是评价与改进机制不可或缺的组成部分。学生是课程的直接受益者，他们的参与和反馈对于课程质量的提升至关重要。学校应该鼓励学生参与课程评价，倾听他们的意见和建议。学生的反馈不仅有助于发现课程中的问题，还可以提供宝贵的改进建议，使课程更贴近学生的需求和期望。

第四，学校与企业的合作可以确保课程与市场需求接轨。随着社会和行业的发展，市场对人才的需求也在不断演变。通过与企业建立紧密联系，学校可以及时了解市场对各种专业领域人才的需求，包括技能、知识和素质等方面。这种信息的获取可以帮助学校调整课程内容、更新教材和重新定义教学目标，以确保学生毕业后具备符合市场需求的技能和能力。

第五，改进学校管理机制是保障课程评价与改进机制有效运行的关键因素之一。学校管理层需要全力支持，设立相应的组织机构和配备专门的人员，负责评价工作的协调与推进。同时，还需要充分投入资源，为课程改进提供有力的支持。只有在学校管理层的积极推动下，评价与改进机制才能够发挥最大的作用，为提高教育质量和学生的学习体验作出实质性的贡献。

综上所述，学校课程评价与改进机制不仅对教育质量至关重要，还有助于培养具备创新能力的学生，为他们未来的成功做好准备。只有通过建立多元化的评价体系、鼓励教师创新、促进学生参与、与企业合作以及改进学校管理机制，学校才能不断改进课程，培养具备全面素养的学生，以应对未来的挑战。这将有助于提高整个教育体系的质量和效能，为社会的发展和进步作出更大的贡献。

第五章
地方高校美育特色课程的案例研究

第一节　地方高校美育特色课程的案例解析

一、东南大学雕版印刷美育特色课程

（一）东南大学雕版印刷美育特色课程概述

东南大学的梧桐文化节是一场集传统文化传承、互动体验和校园文化于一体的美育特色活动。在这次活动中，来自江苏省非物质文化遗产雕版印刷技艺的传承人为大学生们呈现了一场关于雕版印刷的历史和技艺传承的讲座。通过江苏省非物质文化遗产雕版印刷技艺传承人的参与，这堂美育课程引入了非物质文化遗产理论，强调了保护和传承非物质文化遗产的重要性，旨在让学生更深刻地理解雕版印刷这一传统技艺的价值。通过与传承人亲密对话，学生有机会感受到传统技艺的珍贵，从而引发对非物质文化遗产的关注和理解。学生不仅仅是观众，更有幸亲身参与雕版印刷的过程，使传统技艺焕发出独特的魅力。

这堂美育课程不仅注重传统文化的传承，更将其巧妙地融入校园文化，希望学生通过这堂美育课程沉浸式地体验大自然的美，这与沉浸式体验理论密切相关。通过实际参与和感官体验雕版印刷的过程，学生能够更深刻地理解传统艺术的魅力。这种亲身体验不仅使学生对传统文化产生浓厚兴趣，还让他们在实践中感知艺术的独特之处。学校通过印制东南大学校歌歌谱和校园建筑雕版画，让传统艺术与学校文化相得益彰。活动策划者表

示，学校非常注重美育，这样的课程旨在让同学们沉浸式体验大自然之美，将传统艺术融入校园文化的方方面面。

除了雕版印刷课程，文化节还包括了走秀、歌曲表演等多种形式的文化活动。阳光洒在金黄的梧桐大道上，校园内弥漫着浓厚的秋天氛围。同学们积极参与，通过多样的方式表达对秋日校园的喜爱和对秋日生活的美好祝愿。社会参与理论在这一美育课程中也有所体现。同学们不仅仅是被动的观众，更有机会亲身参与雕版印刷的过程。通过积极参与实践活动，同学们深入理解和体验传统技艺的实际运作过程，从而加深了对传统文化的认知。这一活动不仅吸引了本校学生的关注和热烈参与，甚至吸引了外校学生排队参观。

总的来说，东南大学梧桐文化节通过丰富的美育课程，为学生提供了与传统文化传承者对话的机会，使他们在亲身体验中更好地理解和感受传统文化的独特魅力，同时也为校园文化的传播和塑造注入了新的活力。

（二）东南大学雕版印刷美育特色课程的价值体现

1. 传统雕版印刷的文化传承

在当今快速发展的社会中，地方高校在美育领域探索特色课程变得愈发重要。其中，传统雕版印刷的文化传承与地方高校美育特色课程的结合，为学生提供了一次丰富的文化体验。

传统雕版印刷作为中国印刷史上的瑰宝，具有丰富的文化内涵和艺术价值。通过将这一传统技艺纳入美育课程，高校为文化传承注入新的活力。首先，这样的课程强调保护和传承非物质文化遗产的重要性，使学生能够深刻了解雕版印刷这一传统技艺的价值，并通过实践体验感受传承的过程。

地方高校的美育特色课程不仅是学校发展的亮点，更是地域文化的代表。通过将传统雕版印刷融入课程，高校将地方文化元素融入教育体系，使学生更好地融入当地文化氛围。这种紧密结合既有助于提升学校的地方特色，又能够为学生提供更为贴近生活和地方文化的学习体验。

实践性和体验性是这类课程的显著特点。学生不仅仅是被动的观众，更有机会亲身参与雕版印刷的过程。这样的实践性教学不仅激发了学生对传统文化的浓厚兴趣，也使他们在实践中感知艺术的独特之处，培养了对非物质文化遗产的深刻认知。

通过弘扬传统文化，地方高校将本土文化元素融入美育，培养学生对本地文化的认同感和自豪感。这不仅有助于传承和发扬本地文化，也有助于学生形成对本土文化的深刻理解和热爱。最终，这样的课程有望培养学生的审美情感，使他们更加理解和欣赏传统文化。

综合而言，传统雕版印刷的文化传承与地方高校美育特色课程的结合，不仅为学生提供了更为深刻的文化体验，也为地方高校在美育领域探索出了一条具有独特魅力的发展路径。这一结合既有助于传承和弘扬传统文化，也为学生的全面发展提供了有益的实践机会。

2. 雕版印刷的工匠精神传承

在当代高等教育中，地方高校正积极探索如何引入传统文化和工匠精神，将其融入美育特色课程中。其中，雕版印刷的工匠精神传承与地方高校美育特色课程的结合，成为一种独特而有深度的实践。

雕版印刷所蕴含的工匠精神，强调对细节的极致关照、耐心与毅力的结合。通过将这一工匠精神融入美育课程，学校得以培养学生对卓越和完美的追求。这有助于学生成为有耐心、有毅力，并且追求卓越的高素质人才。

实践性教学是雕版印刷学习的一大特点，学生通过亲身体验这一传统技艺，更好地理解和领悟工匠技艺的独特之处。这种实践性的教学方式，让学生在实际操作中掌握技能，同时也体验到工匠对于传统工艺的热忱和专注，培养了学生的实际操作能力和对工匠精神的理解。

地方高校将雕版印刷的工匠精神融入美育特色课程，也为传承本土文化提供了新的途径。雕版印刷作为中国传统印刷方式，蕴含着深厚的文化底蕴。学校通过这样的举措，既推动了雕版印刷技艺的传承，又促进了学生对传统文化的认同和理解，实现了文化传承与现代教育的巧妙融合。

这样的结合不仅培养了学生对工匠精神的理解和继承意识，也为他们提供了一次全面的培养机会。通过雕版印刷的学习，学生不仅能够掌握实用的工艺技能，还能够培养对美的鉴赏能力。

综上所述，雕版印刷的工匠精神传承与地方高校美育特色课程的结合，为学生提供了一次独特而深刻的文化体验。这不仅有助于传承和发扬传统文化，也为学生的全面素质培养提供了有益的实践机会，是一种极富创新和教育意义的尝试。

3. 当代价值观与美育推进有机结合

在当代社会，地方高校正积极探索如何将当代价值观与美育推进有机结合，并将这一理念融入美育特色课程中。这一努力不仅有助于培养学生的综合素质，更为地方高校在当代教育领域的发展注入了新的动力。

现代社会对于学生价值观的关注愈发显著，对学生全面素养的需求愈加迫切。地方高校通过将当代社会价值观融入美育特色课程，可以更好地培养学生的审美情感、创造力和团队协作能力，使学生具备更符合当代社会需求的全面素质。

美育的核心不仅仅是艺术技能的传承，更是对学生整体素养的培养。通过美育特色课程，地方高校有机会培养学生的创新思维和创造性表达，以适应当代社会对创新与创造力的追求，从而使美育成为激发学生创新力的平台。

社会责任感也成为美育特色课程的重要一环。通过与社区、企业等合作，将美育与社会实践结合。这种社会参与的方式使学生更深入地理解社会的需求，从而培养学生的社会责任感。

在多元文化共存的时代，地方高校的美育特色课程还可以通过融入多元文化元素，促使学生更好地理解和尊重不同文化。这有助于培养学生的国际视野和跨文化交流能力，使他们更好地适应社会的多元化发展趋势。

综上所述，当代价值观与美育在地方高校美育特色课程中的紧密结合，为学生提供了更为丰富且贴近当代社会需求的教育体验。这一结合不仅有助于培养学生的全面素质，也为他们未来的职业发展和社会参与打下了坚实基础，体现了地方高校在美育领域的积极探索与创新。

4. 非遗文化的普及与高校美育有机结合

当今社会，非物质文化遗产的传承与保护已成为文化领域的重要议题之一。在这一语境下，地方高校积极将非遗文化融入美育特色课程，实现了非遗文化的普及与高校美育的有机结合。这一结合不仅推动了非遗传统技艺的传承，也为地方高校的美育特色课程注入了新的文化内涵。

非遗文化的传承与保护是地方高校美育特色课程关注的核心。通过将非物质文化遗产引入美育领域，学生能够深入了解传统技艺的价值，为非遗文化的传承提供了新的动力。这种文化遗产的传承不仅是对历史的尊重，更是对民族文化自信心的培养。

非遗文化的学习有助于培养学生对本土文化的自信心。通过深入学习非遗文化，学生对传统文化有了更深刻的认知，增强了对本土文化的认同感。地方高校的美育特色课程通过这一途径，不仅推崇传统，更激发学生对自身文化的热爱，从而形成对传统文化的积极传承和保护。

实践性教学是非遗文化学习的一大特点，要求学生亲身参与并掌握具体的技艺。这样的实践性教学不仅贴合非遗文化的特性，还能使学生在实际操作中更好地理解和领悟非遗技艺的独特之处。通过亲身实践，学生不仅学到了技能，更体验到了非遗技艺传承中的匠人精神。

非遗文化的学习不仅仅是对传统的传承，更能激发学生的创造力和创新力。在地方高校美育特色课程中，将非遗文化融入创作过程，学生有机会在传统基础上进行个性化的创作，培养他们独立思考和创新精神。这种创新与传统的结合，使美育不仅是传承，更是对传统进行创造性演绎。

将非遗文化引入美育课程不仅有助于拓宽学科边界，也为学生提供了更为综合和深刻的文化体验。这种文化体验不仅能够促使学生形成更全面的知识结构，还提高了他们的学科综合素养。非遗文化的学习不再是狭隘的传统技艺，而是一次全方位的文化探索。

综上所述，地方高校通过将非遗文化融入美育特色课程，成功实现了非遗文化的普及与高校美育的深度结合。这不仅为传统文化的传承注入了新的活力，也为学生提供了更为丰富、贴近生活、符合当代价值观的美育教育。这一实践展示了地方高校在文化传承与美育领域的积极探索，为未来的文化教育提供了有益的经验。

二、潍坊医学院在线美育特色课程

（一）潍坊医学院在线美育特色课程概述

"走进非遗——山东民间艺术"是潍坊医学院在线美育特色课程，这是一门引人入胜的通识课，旨在为学生提供深入了解山东非遗文化的机会。这门课程系统介绍了山东非物质文化遗产中的14个特色鲜明的民间美术项目，涵盖了丰富多彩的传统艺术表达形式。

为了呈现这一丰富的文化遗产，课程邀请了23位非遗传承人亲自参与录制，历时一年完成。这些非遗传承人都是各自领域的权威，他们倾注了心血，通过精湛的技艺和深刻的理解，将非遗技艺呈现得淋漓尽致。这份用心的付出也使得该课程荣获山东省一流本科课程，为其专业性和独特性增光添彩。

作为一门通识课，该课程摆脱了传统学科课程的烦琐背诵和复杂推理，转而呈现为生动有趣的民间美术作品。在这里，学生可以轻松愉悦地领略那些或许在日常生活中略显陌生，却承载着深厚文化内涵的艺术之美。通过学习这些民间美术作品，学生不仅可以增进对传统文化的理解，还能够培养对艺术的鉴赏能力。

本课程的愿景是使课堂成为学生了解非遗文化的一扇窗户，让他们深刻感受到民间美术的独特魅力，并激发他们对优秀传统文化的传承与弘扬的热情。通过这扇窗户，学生能够亲身体验并参与到非遗文化的传承中，为保护和传承中华优秀传统文化贡献自己的一份力量。

通过参与本课程，学生将达到多层次的教学目标。首先，学生将深入学习山东非物质文化遗产中14个代表性的民间美术项目，探索其悠久历史、丰富题材、独特工艺以及独到的艺术特点。通过深入理解这些项目，学生将建立对山东非遗文化丰富多样性的全面认知，为深入了解传统文化打下坚实基础。其次，本课程旨在培养学生的民间美术审美能力。学生将学会如何准确而敏锐地发现和欣赏民间美术作品中蕴含的艺术之美。通过对艺术品的深入解读，学生将培养对不同艺术形式的独立鉴赏能力，从而提高对艺术的审美水平。此外，本课程还旨在唤醒学生传播和弘扬民间美术等优秀传统文化的意识。学生将深刻了解这些非物质文化遗产的珍贵性和独特性，培养对文化传承的责任感，并将其转化为实际行动，积极参与传统文化的传承与弘扬。

最重要的是，通过课程学习，学生将增进对本土文化和传统文化的价值认同，形成对自己文化根基的深刻自觉。这将有助于巩固学生的文化自信心，使其在全球化的背景下更好地理解、尊重并与他人分享自身文化，从而推动文化多样性的发展。通过培养这样的文化自觉，学生将更好地融入社会，为传承和发展本土文化贡献力量。

（二）潍坊医学院特色美育课程的价值体现

1.丰富地方高校文化底蕴

潍坊医学院引入的独具特色的美育课程，为学校文化发展注入了新的活力。身处山东省的这所医学院，通过这一举措，不仅为学科结构赋予了新的内涵，还为学生提供了深刻感悟山东本土文化的机会。

这门美育特色课程的引入，不仅是学科上的多元发展，更是对学校文化底蕴的有益补充。学生在医学专业的基础上，通过深度学习"走进非遗"课程，能够体验到山东本土文化的独特魅力。这不仅为学生带来了丰富的学术视野，同时在文化上打破了传统的局限，为校园文化带来了全新的发展格局。

这门美育特色课程，不仅为学生提供了深入了解本土文化的机会，同时也为潍坊医学院校园文化营造了独特的氛围。这一注重文化传承的创新教育模式，不仅为学科发展注入了新的元素，而且为学生的成长提供了多元的学习体验。通过"走进非遗——山东民间艺术"这样的美育特色课程，潍坊医学院为丰富地方高校文化底蕴迈出了坚实的一步，使学生在学习医学专业的同时，能够深刻感受到浓厚的地方文化氛围。

2.推动地方非遗传承与创新

潍坊医学院引入的美育特色课程不仅在学科上拓展了学校的学科边界，更为当地非物质文化遗产的传承与创新提供了独特的平台。这门课程深入挖掘了山东丰富的非遗资源，为学生打开了通往传统文化深层次的大门。

通过参与这门美育特色课程，潍坊医学院的学生将有机会亲身接触到非遗传承人，深入了解他们手艺的精湛和艺术的内涵。这不仅是一次学习非物质文化遗产的珍贵经历，更是一次对传统手工艺人智慧和技艺的深刻感悟。学生将通过直接沟通、实地体验等方式，深切感受非遗传承人所承载的文化传统，这对于年轻一代的学生而言，是一次独特而难得的文化熏陶。

同时，美育特色课程鼓励学生思考如何将传统非遗文化与现代医学相融合，实现传统文化与现代科技的有机结合。这不仅为学生提供了展现创新思维的平台，也激发了他们对传统文化进行重新思考和发展的热情。学生将通过探索非遗传承与医学之间的关联，寻找可能的交汇点，为传统文化注入新的生命力，同时也为医学专业带来更为丰富的思维资源。

这门美育特色课程的推出，不仅在学科层面上为学生提供了跨越传统文化的机会，更在精神上激发了他们对非物质文化遗产传承和创新的兴趣。通过直接接触非物质文化遗产传承人，学生将亲身感受到非物质文化遗产的生命力和深刻内涵，为地方非物质文化遗产的传承提供积极的推动力。这不仅是一次文化之旅，更是一次为潍坊医学院学生提供发掘传统文化、激发创新灵感的宝贵机会。

3. 塑造学生的文化认同与自信

在潍坊医学院引入的美育特色课程中，学生不仅能深刻领略到山东非物质文化遗产的独特魅力，而且在这个过程中还能增进对本土文化的价值认同。这样的美育课程成为塑造学生文化认同与自信心的重要平台。

学生通过课程中深入探讨、实地体验等方式，深切感受山东非遗的独特之处。他们将目睹传统手工艺背后的智慧，感受非遗传承人所蕴含的深刻文化内涵。这样的亲身体验使学生不仅在理性层面上对非遗有所了解，更在感性层面上对本土文化产生共鸣，形成对非遗的深情眷恋。

随着对山东非遗的更深刻理解，学生的文化认同得到进一步加强。他们开始更加自觉地将山东本土文化融入自身的认知体系，建立起对本土文化的骄傲感。这有助于形成学生对自身文化身份的认同，使他们更加自豪地将传统文化传承下去，并在医学领域中展现地方文化的独特魅力。

美育特色课程不仅是知识的传递，更是文化认同的培养。学生通过深入学习山东非遗，逐渐形成对本土文化的深刻理解与认同，从而在心灵深处建立起对自身文化的自信心。这样的自信心将在未来的学术和职业生涯中为他们提供坚实的文化基础，使他们能够更自信地面对多元文化交融的社会环境，为地方文化的传承和发展作出积极贡献。

4. 为医学专业注入创新元素

"走进非遗——山东民间艺术"这门美育特色课程的引入为潍坊医学院的医学专业学生带来了新的思维维度，注入了创新元素。学生通过欣赏非遗艺术，了解了传统手工艺和艺术创作的独特表达形式。

这门美育课程的开设，将医学专业的学生从传统的医学知识框架中解放出来，让他们在艺术的世界里发现医学的可能性。世界各地的著名医生，如加拿大的赫伯特·古尔德、美国的弗洛伊德·苏利文、阿根廷的理查德·费尔南德斯等，都是在不同领域作出了杰出贡献的医学专业人士。他们通过跨学科的思维，将医学与其他领域相结合，创造出许多新颖的医学方法和手术技术。学生可以从这些名医的例子中汲取灵感，思考如何将传统文化元素与医学实践有机结合，为医学领域注入新的思维和理念。

通过了解非遗艺术，学生可以培养跨学科思维，将传统文化元素与医学实践有机结合，创造出更为全面、更为人性化的医疗方案。这将为未来的医学领域注入新的活力，推动医学专业的发展朝着更加综合、创新的方向迈进。美育特色课程的创新元素，既能够拓宽学生的学术视野，又能够为医学专业注入新的灵感和理念。这样的创新元素不仅在学科上实现了跨界，更在医学专业的发展中融入了新的动能，为学生的综合素养和职业发展提供了有力支持。通过学习和体验非遗艺术，学生将更有可能在未来的医学实践中创造出更富有创新性和综合性的解决方案，为医学专业的未来作出积极的贡献。

5.促进地方文化交流与传播

通过这门美育特色课程，潍坊医学院不仅能够培养本土学生对地方文化的热爱，也有望成为向外传播山东非遗文化的一个窗口。这有助于促进地方文化的交流与传播，让更多的人了解并关注山东丰富多彩的传统文化。

实际上，许多成功的地方文化传播案例证明了这门美育特色课程的潜力。以潍坊医学院学生为例，通过参与山东非遗文化的学习，他们可以成为地方文化的亲历者和传播者。在参与课程后，一些学生可能选择利用社交媒体平台、学术研究论文或社区活动等方式，分享他们对山东非遗的理解和感悟，从而向更广泛的社会传递这一独特的文化遗产。

通过学生的参与和传播，潍坊医学院可以成为地方文化与外部世界互动的桥梁。学生的亲身经历和深刻理解将为外界提供一个窗口，使更多人了解山东丰富多彩的传统文化。这有助于促进山东非遗文化的交流与传播，为地方文化在全球范围内树立更为显著的形象。

通过学生的参与和传播，潍坊医学院还有望举办一系列与山东非遗相关的活动，如展览、讲座、文化交流会等，吸引更多地方居民和外部观众参与。这样的活动将成为一个有效的平台，使山东非遗文化得以更加深入地传播，促使更多人了解并关注这一丰富多彩的传统文化。通过学校的努力，潍坊医学院可以成为山东非遗文化的传播者和守护者，为地方文化的传承与发展贡献一份力量。

三、华南师范大学岭南舞蹈美育特色课程

岭南舞蹈源远流长，自秦朝以来，便承载着中原文化的熏陶，呈现出较高的艺术水平。这一舞蹈传统不仅是对技巧的追求，更是原始民族对图腾崇拜和愿望的寄托，是一种富含宗教信仰的文化表达形式。

在岭南舞蹈的发展过程中，宗教舞蹈常以神秘精怪为主要原型，满足了人们对生活各种期盼的表达；而民俗舞蹈则以随心随性、灵活多变见长。作为文化的艺术表现形式，岭南舞蹈本身的艺术性特点十分突出，呈现出不同地区对舞蹈审美取向的独特诠释。这使得岭南地区的舞蹈在风格上与其他地区的舞蹈存在一定的区别，体现了当地的舞蹈特色。

岭南舞蹈在发展中还融合了不同民族文化，形成了多元而丰富的艺术面貌。不同民族对岭南舞蹈的认知和定义也存在一定差异，舞蹈的形式和种类也在时代的演进中发生着变化。这多方面的因素为岭南舞蹈赋予了不同的艺术色彩，不仅是对当地民族文化的体现，而且是对当地民族生活方式的生动展现。

随着社会对舞蹈艺术的日益关注，人们对生活的追求开始逐渐转向对精神世界的充实。在这个过程中，岭南舞蹈的形式和种类发生了一定的改变。在继承传统文化的前提下，创新元素被巧妙地融入岭南舞蹈，这种创新思维既满足了人们对文化追求的渴望，又体现了岭南舞蹈在新时代的生机与活力。

（一）岭南舞蹈美育特色课程概述

岭南传统舞蹈课程"以舞育人，向美而行"是一门令人陶醉的艺术之旅，融合了文化传承、身体表达、历史理解、团队协作、创新融合以及文化推广等多个层面的精彩元素。这门课程不仅教授舞蹈技巧，更是一场沉浸式的文化体验，让学子们在舞动的旋律中领略岭南地区独有的艺术魅力。

在这场文化传承的盛宴中，学生将深入了解岭南地区丰厚的历史底蕴。舞蹈不再仅是舞步的重复，而是一次对历史的穿越之旅，每一次舞动都是对过往岁月的一份敬仰。学生将通过舞蹈的姿态感知社会的起伏，体验时间的涟漪。

岭南传统舞蹈课程的独特之处还在于它的身体表达与技巧培养。学生将在翩翩起舞的过程中培养身体的灵敏度和柔韧性，通过艺术表达传递情感。这不仅是对舞蹈技能的磨炼，更是对身体语言的深度理解，让学生通过动作诠释内心的情感世界。

在团队协作的编舞中，学生将感受到舞蹈的魅力源于默契与协调。这不仅是对团队协作精神的锤炼，更是对集体意识的唤醒。每一个舞步都需要共鸣，每一个转身都需要合拍，这是一次心灵的对话，也是对集体责任感的深刻体验。

创新与当代融合成为这门传统舞蹈课程中的一抹亮色。传统并非僵化的守望，而是在创新的思维中焕发新的生机。学生有机会在传统的基础上融入现代元素，使舞蹈更贴近当代审美，展现传统与现代的完美交融。

最后，这门岭南传统舞蹈课程不仅是学术堂上的传授，更是一次文化交流与推广的契机。学生将有机会参与各类文化交流活动，为岭南传统舞蹈注入新的活力，让这一优秀文化走向更广阔的国际舞台。

总之，岭南传统舞蹈课程不仅是一场身心的盛宴，还是一堂流淌着文化精髓的课堂。学生在课堂里不仅感受到传统文化的深厚底蕴，还培养了团队协作能力和创新思维能力。

1. 传承与创新

历史是岭南舞蹈传承中的重要组成部分。通过对历史故事和传统庆典的演绎，舞者们在表演中承载了历史的记忆。这种历史传承不仅是对过去的致敬，更是对后人的启迪，使他们能够在舞台上传达着历史的声音。

在传承过程中，创新与传统需要取得一种平衡。传承者需要有足够的创造力，使得岭南舞蹈能够在当代社会中仍然具有吸引力。这种创新不仅仅是对舞蹈形式的改变，更是对舞蹈内涵的深度挖掘。传承者在继承传统的同时，积极融入创新元素，使岭南舞蹈焕发出新的艺术光彩。

在岭南舞蹈的传承中，教育体系建设起到了关键作用。需要建立完善的舞蹈教育体系，制定系统的舞蹈课程，设立专业的岭南舞蹈学院，培养更多的专业人才。同时，加强对舞蹈教育的宣传，激发学生对岭南舞蹈的兴趣，将舞蹈传承推向更为广泛的领域。

社会的支持也是岭南舞蹈传承中不可或缺的一环。政府、文化机构、企业等都可以通过资金、场地、推广等多种方式支持岭南舞蹈的传承工作。社会的关注和参与有助于形成更为有力的传承网络。

与此同时，岭南舞蹈的传承与地方高校美育特色课程的结合也愈发紧密。美育课程作为培养学生全面发展的途径，可以将岭南舞蹈的传统和独特魅力融入其中。通过美育课程，学生可以在欣赏和学习岭南舞蹈的同时，感受到文化传承的力量，培养对传统艺术的热爱和理解。

总之，岭南舞蹈的传承和创新需要多方面的努力和支持，从技艺到形式，从历史到文化，每个方面都需要投入细致的工作，以确保这一独特的传统舞蹈能够薪火相传。

2. 美育体验

在地方高校美育体系中，岭南舞蹈课程独具魅力，旨在传承岭南地区悠久的文化传统，同时融入现代审美理念，全面培养学生的艺术素养和创造力。这一特色课程在传统与创新的交融中，为学生提供了独特的美育体验。

（1）传承真实生活的情感表达

岭南舞蹈课程注重通过舞蹈动作和形式，真实而深刻地反映人们最真实的生活期盼和情感。舞者在校园舞台上化身为岭南农民，以舞蹈为媒介，传达着岭南人对生活的热爱和对未来的美好期许，这一情感表达的艺术手段与地方高校美育的目标相契合。

（2）服饰与形式的融合，塑造独特艺术风格

在岭南舞蹈中，服饰的设计不仅关注舞者的外表，更注重与舞蹈形式的巧妙融合。通过选择温暖的色调，如红色和黄色，为观众呈现出一场岭南文化的视觉盛宴。这种服饰与形式的高度融合在地方高校美育的理念中得到延续，即通过传统文化的发扬与创新，培养学生对艺术形式的审美品位。

（3）日常生活的积极向上情境

岭南舞蹈的独特之处在于根植于日常生活，以农家生活为主要故事背景。这使得舞蹈作品能够创造积极向上的情境，培养学生积极向上的心态。这与地方高校美育追求学生全面素养的目标相一致，即通过舞蹈的展现使学生更好地感受到艺术对人生观的积极引导。

（4）音乐与舞蹈的共通性，全面提高表演效果

岭南舞蹈强调以欢快的音乐为衬托，注重音乐与舞蹈之间的共通性。这种音乐与舞蹈的协调配合提高了整个表演的效果，使观众在音律中陶醉，使舞者在音符中舞动。这种全面提高舞蹈艺术表演效果的手段与地方高校美育倡导的跨学科学习相呼应。

（5）一体化的艺术体系，全面体现欢快特色

岭南舞蹈通过与本地民族音乐相互融合，构建了一体化的艺术体系，这使得舞蹈的欢快特色在音乐中得到充分体现，观众在音律的引领下更深刻地感受到岭南舞蹈的独特魅力。这与地方高校美育的综合素养培养目标相一致，通过音乐与舞蹈的结合，全面提升学生的审美水平。

在岭南舞蹈课程中，传统文化与现代审美得以和谐融合，为地方高校美育特色课程提供了生动的实践案例。这一课程不仅使学生深刻了解岭南文化的独特之处，更激发了他们对艺术的热爱和对创造力的追求。

（二）岭南舞蹈美育特色课程的价值体现

1.拓宽视野，创新美育体系

在"以舞育人，向美而行"这门课程中，独特的文化碰撞与融合理念为地方高校美育体系注入了新的活力与创意。这门课程强调了岭南传统文化与舞蹈艺术的融合，与地方高校美育体系中的其他文化元素形成碰撞。然而，这种碰撞并非冲突，而是一场启发深度对话与交流的文化盛宴，为学生提供更为丰富多元的学术体验。

在传统美育体系中，可能存在对特定文化元素的偏重，而"以舞育人，向美而行"则挑战这一传统。通过将岭南传统文化与舞蹈相结合，课程不仅仅是单一文化的表达，而且是各种文化元素的交汇。比如，在学习岭南舞蹈的过程中，学生不仅了解岭南的舞蹈形式，还深入探讨其中所蕴含的历史、宗教、社会背景等多方面的文化元素。

这种跨文化的融合并不是将传统舞蹈与其他文化简单拼凑，而是通过深入挖掘各文化的精髓，寻找它们之间的内在联系。例如，在一次学术研究中，该课程探讨了不同文化中相似的舞蹈形式，比如岭南传统舞与西方古典舞之间的共通之处，进而激发学生对全球文化多元性的理解。

这样的碰撞与融合不仅停留在课堂内部。学生要多参与文化活动，例如舞蹈展览、演出等，将学到的理论知识与实际运用相结合。这种实践使学生更加深入地理解文化碰撞背后的文化逻辑，培养了他们跨文化交流与合作的能力。

通过这门课程，学生在碰撞中感知不同文化的独特之处，通过融合创造新的美学表达。这种全新的文化体验不仅丰富了学生的个人修养，也为地方高校美育体系注入了创新的活力，拓展了整个美育领域的视野。

2.以舞蹈为媒，开启美育新纪元

在"以舞育人，向美而行"的课程中，老师独具匠心地将舞蹈作为媒介，注重实践和审美培养，这种独特的教育理念与传统地方高校美育的理念或许存在一些差异。这种差异不仅仅是教学手段的不同，更是一场推动教育理念更新与发展的深刻对话。

在传统地方高校美育中，教育往往侧重于传授理论知识，而本课程却将实践与审美培养贯穿始终。例如，学生通过深入学习岭南传统舞蹈，不仅仅是学习动作和舞蹈形式，更是通过实际演练，感知身体在舞蹈中的表现力和情感传递。这种实践性的教学使学生不仅了解舞蹈的理论知识，更能够身临其境地体验和理解舞蹈艺术的魅力。

教育理念的对话不仅表现在教学目标上，更涉及教育方法。传统理念中，课程可能更加注重知识的灌输和应试能力的培养，而通过舞蹈的实际演练，强调学生的主体性，培养其审美情感和创造力。通过这样的实践，学生在感悟美的过程中，培养了自主学习和创新的能力。

这种教育理念的对话还反映在教育效果的评估上。以传统理念为主的教育往往通过考试分数等量化指标来评估学生，关注学生的全面发展，更注重培养学生的审美情感和创造性思维能力。通过学生参与文化活动、舞蹈展览等实际应用，评估学生对所学知识的理解和运用能力。这种全方位的评估更符合当代社会对人才的要求，有助于学生更好地适应未来复杂多变的社会环境。

这场教育理念的对话，既是一场挑战，更是一场启示。通过舞蹈作为媒介，"以舞育人，向美而行"为地方高校美育体系注入了新的活力，引发人们对传统教育理念的深刻反思与探讨。这样的对话将促进美育体系的创新与发展，为培养更具审美情感和创造力的新时代人才奠定坚实基础。

3. 技艺与美育，寻找平衡之美

在"以舞育人，向美而行"的课程中，"以舞育人，向美而行"巧妙地平衡了技艺和美育的双重要求，然而，这种平衡可能与一些地方高校美育体系中传统的技能培养或理论研究的偏好相冲突。这样的冲突既是一场挑战，更是一次对技艺与美育平衡的深刻思考。

传统的高校美育体系可能偏向于强调学生的专业技能培养或者理论研究，而忽视了其审美素养的培养。与此不同，"以舞育人，向美而行"课程既注重学生在技艺上的精湛表现，又关注其审美情感的培养。例如，在学习岭南传统舞蹈的过程中，学生不仅仅是追求动作的准确与优美，更是通过深度学习感知舞蹈背后的文化内涵，培养审美情感和表达能力。这样的双重强调不仅能够提高学生的专业水平，更使得学生在实践中感受美的熏陶，增强审美体验。通过学习技艺，学生在实际演练中感受到身体的表达力和艺术的魅力,而通过对美育的关注,培养了他们独立思考、审美鉴赏的能力。

这种对技艺与美育平衡的思考也表现在教学方法上。除了传统的技能训练,"以舞育人,向美而行"课程通过组织学生参与文化活动、舞蹈展览等,引导学生将所学技艺融入真实生活场景,提升他们的综合素养。这种全面性的培养方法在一定程度上挑战了传统的单一教学模式,为技艺与美育的平衡提供了新的范本。

这场技艺与美育的共舞既是一次超越传统界限的尝试,更是一场引领美育体系更加全面发展的探索。通过平衡技艺与美育,不仅可以培养出更具专业素养的人才,还能够让学生在审美的世界中得到更为深刻的熏陶,为美育事业注入更多的创新与活力。

4.舞蹈中的文化表达

在"以舞育人,向美而行"的课程中,"以舞育人,向美而行"倡导"以舞蹈激发身体之力与美"的理念,强调通过舞蹈表达本土文化。这一独特的教学理念或许与一些地方高校美育体系中对西方艺术或全球化审美倾向形成鲜明对比。这样的碰撞并非冲突,而是一次对本土文化表达的深刻思考。

传统的美育体系可能受到西方艺术的启发,注重全球化的审美趋势,使得本土文化的表达相对被边缘化。而本课程却将焦点重新聚焦在本土文化上,通过舞蹈这一独特的艺术形式,挖掘、表达岭南地区的丰富的文化内涵。

举例而言,在学习岭南传统舞蹈的过程中,学生并非仅仅追求动作的熟练,更注重如何通过这些动作传递地域特有的文化精髓。例如,通过学习岭南民俗舞蹈,学生深入了解广府文化的独特风貌,学会将这些文化元素融入自己的舞蹈创作中。

这样的碰撞并不是对西方艺术的排斥,而是通过对比,更好地发现本土文化的独特之处。这种对话与交流不仅促进了地方高校美育体系对本土文化的重新审视,也推动了本土文化的创新与传承。

教学内容上,教师注重让学生通过舞蹈感受本土文化的魅力,例如在编排舞蹈动作时融入岭南特有的传统元素,或者通过实地调研挖掘当地民俗,为舞蹈创作提供更为丰富的素材。这样的教学方法使得学生在舞蹈中不仅学到技能,而且更加深入地了解并表达自己对本土文化的热爱。

这场本土文化与美育的碰撞,既是对传统审美观念的挑战,也是对地方高校美育体系的启迪。通过更多关注和发掘本土文化的独特之处,美育体系能够更好地满足学生的审美需求，培养具有本土文化底蕴的艺术人才。这场碰撞，不仅使得舞蹈教育更富创新，也为本土文化的传承与发展注入了新的活力。

5.传承与保护的律动

在"以舞育人，向美而行"的课程中，强调了构建岭南传统舞蹈文化的传承、保护生态圈的理念。这不仅仅是对舞蹈本身技巧和表现的关注，更是对舞蹈在社会、文化中角色的深刻理解。这种注重文化生态的教学理念，为学生提供了更丰富的学术体验，并引导他们更好地理解舞蹈在社会和文化传承中的独特作用。

课程中的实际例子可以从学生的实地调研开始。通过深入社会，学生了解岭南传统舞蹈的实际表现，并与当地社群互动，感知舞蹈在社会生活中的融合。例如，学生可能前往村庄，参与当地传统庆典，感受岭南舞蹈在传统仪式中的表达方式。这种实地调研让学生置身于文化的生态系统中，深度感知舞蹈在社会文化中所承载的丰富内涵。

在舞蹈创作方面，课程强调将岭南传统舞蹈融入现代社会语境的重要性。例如，在学生的舞蹈作品中，可以看到对传统元素的巧妙运用，如将古老的舞蹈动作融入当代舞台表演，使得传统与现代在舞蹈中相得益彰。

同时，通过与非遗传承人的深入合作，学生能够亲身感受传统舞蹈在文化传承中的珍贵性；与传承人的交流不仅仅是技术层面的传授，更是对舞蹈背后文化内涵的深度剖析。这样的互动建构了一个文化生态圈，连接了传承人、学生和社会大众，实现了舞蹈传承与社会互动的有机统一。这一理念的深入贯彻，让学生在学习舞蹈的同时，更深层次地理解了舞蹈在社会和文化传承中的角色。

第二节　案例的设计理念、执行路线和显著成效

一、设计理念

（一）混合式教学中的对话精神与学习互动

回溯古今，我们发现我国古代儒家圣贤孔子是最早深入探索对话精神

的先驱者。孔子在《论语》中通过独特的人格魅力和高超的对话艺术，倡导"因材施教""以问为教""启发诱导"，这种师生之间平等、自由、和谐而融洽的对话关系，正是教育的真正意义。西方哲学家苏格拉底也认为，教育不仅是一个知识者单方面引导无知者的过程，还是一个共同寻求真理的旅程。

教育通过文化传递的功能，将文化遗产传承给年轻一代，使他们在自由中成长，同时启迪其对自由的正确理解。这种交流活动使教育不仅成为知识的传递，还成为思想和文化的传承，使学生能够自由而独立地追求真理，塑造自身正确的价值观。

在当今教育实践中，我们应继承和发扬这一对话的传统，将师生之间的对话关系构建成平等、自由和和谐的模式。通过对话，教育不仅是知识的传递，更是智慧和思想的传承。通过对话，教育才能真正实现人与人之间的深度交流，将文化的瑰宝传递给新一代，并在自由环境中培养他们正确的人生观。在混合式教学中，我们应该更加注重学生与教师之间的对话互动，以促进深度学习和真实理解。

在教学活动中，师生作为主体，彼此敞开心扉、发表观点、交流沟通，共同完成对文本的深度对话。整个过程中，学生不仅仅学到了生动的知识，更重要的是培养了对话的理性和对话的能力，使其在对话中获得主体性的发展。通过混合式互动，我们有效地运用对话式教学，实现了师生思想的互动。在既有知识的认知基础上生成有效的新知识，不断循环思考和生成，从而达成深度学习的目标。

在具体的教学过程中，教师的任务不仅是传递知识，还要深刻了解并掌握学生既有的知识经验和认知水平。其中，沉浸式学习的核心要素之一是确保"学习任务挑战和学习者能力匹配"达到和谐状态，只有在这种平衡中，学生个体才能真正进入沉浸式学习状态。教师在创设教学任务时，应当以学生个体的能力水平为基准，充分关注学生的兴趣、动机和参与度。教学过程中，教师需要不断地根据实际情况和学生的反馈，调整和生成教学活动的挑战，以保持与学生能力的动态平衡。

（二）深度参与促进高阶思维，实现知行合一

教育部所提出的"美育核心素养"是当前美育领域的重要指导理念，

它涵盖了审美感知、文化理解、创意实践、艺术表现四个方面。其中，审美感知和文化理解注重连接眼与心，培养学生对美的敏感性和对文化的理解力；而创意实践和艺术表现更注重连接手与脑，强调学生的创造性思维和艺术表达能力。这种全面的素养培养旨在使学生在美育过程中全面发展，既在感性层面有深刻的认知，又在创造性表达上有深度的思维。在深化学生的学习过程中，知识深度理论提供了有益的指导。该理论将学生的认知水平分为四个层次：回忆、技能和理解、策略性思维、拓展性思维。在运用知识深度理论开展深度学习时，学生需要深度参与有挑战性的学习主题，全身心地投入，以产生心流体验。同时，教师应运用应用、分析、评价、创造等高阶思维能力进行引导，促使学生的思维由表面的识记和理解逐渐发展到策略性和拓展性的深层思维，使学生的能力能够在其他情境中迁移运用，实现知行合一的目标。

艺术技能教育和艺术人文教育是相辅相成、密不可分的。艺术技能教育侧重于方法论，而艺术人文教育则侧重于价值观的培养。二者相互联系，缺一不可。在美育课程中，通过混合式互动，包括课前、课中和课后的环节，可以更好地围绕"互动"和"探究"这两大核心元素，打造基于深度理解的学习模式，即"认知—情感—行为"。

（三）引领学生追寻智慧的心灵之旅

任务驱动的教学方式是一种以引导学生深入实践、感悟问题为核心的教学理念，它不仅是一种教育方法，更是一种启迪心智的旅程。这种教学方式基于建构主义理论，其特点在于任务的目标性和教学的情境性。

在教学过程中，教师通过创设真实环境，确定与学习主体密切相关的真实任务，为学生提供自主交流、对话和合作等丰富的交互机会。学生利用既有的知识和经验，提出解决问题的方案，不断产生新的知识和经验。这种教学方式旨在激发学生主动建构自身知识经验，促使他们更深入地参与和自主协作，从而通过新经验的获取，不断丰富自身的能力。

在设定教学任务时，教师需要考虑两个方面。首先，任务需要匹配学生个体的能力，做到统一性和个性化兼容并蓄。真实情景中的任务应当具备足够的挑战性，让学生能够亲身参与实践，激发他们的挑战意识，促进其主动参与，提升学生深层次的投入程度。这包括探究分析、实践操作、创新创意以及反思评价等高阶思维技能的完善和发展。

其次，任务不仅要具备认知和能力目标，还需要实现任务的价值化。这意味着教学任务应当不仅要能够达成学生的认知和能力目标，更需要对学生的思维方式、道德情感、行为习惯、价值观念以及人格完善等方面进行强化。任务的设计应当服务于思政目标，实现"躯体、心智、情感、心力"统一的"全人教育"。

任务驱动的教学方式如同一曲启迪心智的交响乐，教师是指挥家，学生是演奏家。在这个交响乐中，教育的旋律通过任务的展开和完成渗透到学生的心灵深处。教学不再是单向的灌输，而是一场共同创造的探险之旅。学生在任务的引领下，犹如探险家在未知的领域中追寻着智慧的星辰。通过这样的教学方式，教育真正成为一场心灵之旅，让学生在知识的海洋中徜徉，感悟问题的深度，建构探究的体系，最终收获智慧的芬芳。这是一种超越传统的教学方式，是对学生全面素质发展的一种呵护和引领。

二、执行路线

（一）东南大学雕版印刷美育特色课程

1. 学生为中心

（1）个体差异：考虑到每个学生的社会文化背景和知识经验，这强调了每个学生都是独特的个体。

（2）主动学习：鼓励学生通过探究、参与和互动的方式，成为学习过程中的主动参与者。

2. 教师为引导

（1）课程设计：教师的角色转变为促学、助学和督学的引导者、组织者和设计者。

（2）对话式教学：强调平等民主的师生关系，创造一个充满爱与尊重的教学氛围。

3. 知识建构

（1）经验共享：孔子和苏格拉底这样的哲学家，他们是通过对话和经验共享来传授知识。

（2）知识传承：强调文化遗产的传递和真理的追求，以及通过教育实现思想和文化的传承。

4.教学策略

（1）沉浸学习：确保学习任务的挑战性与学生能力相匹配，以促进学生的沉浸式学习。

（2）互动教学：通过知识的有效输出和反馈机制，激发学生的学习动力。

5.教学实践

（1）支架教学：包括情境创设和认知探索，帮助学生在学习中构建知识。

（2）学生发展：关注学生的认知意识、个体品质和社会行为的发展，促进学生全面发展。

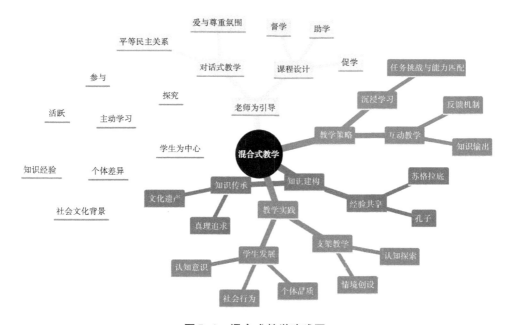

图5-1　混合式教学路线图

（二）潍坊医学院在线美育特色课程

1.审美感知

这部分强调学生对美的敏感性和文化理解力的培养。

（1）眼与心的连接：强调视觉与情感的结合，培养对美的直观感受。

（2）对美的敏感性：培养学生对美的感知能力。

（3）文化理解力：提升学生对文化背景和文化意义的理解。

2.文化理解

连接审美感知与创意实践，强调对艺术作品的深层次理解。

（1）历史系统性知识：建立对艺术历史的系统性认识。

（2）超越视觉美感：鼓励学生超越表面的视觉审美，深入理解艺术的内涵。

（3）情感历史文化层次欣赏：培养学生从情感、历史和文化层面欣赏艺术作品的能力。

3.创意实践

连接文化理解与艺术表现，强调学生的创造性思维和艺术表达能力。

（1）手与脑的连接：强调动手实践与思维的结合。

（2）创造性思维：培养学生的创新思维能力。

（3）艺术表达能力：提升学生的艺术创作和艺术表达能力。

4.艺术表现

这是整个美育核心素养的终极目标，强调学生在艺术创作中的表现。

（1）经典艺术的人文意义：引导学生理解和体验经典艺术的深层次人文价值。

（2）正确的人生观和艺术观：帮助学生树立正确的人生观和艺术观。

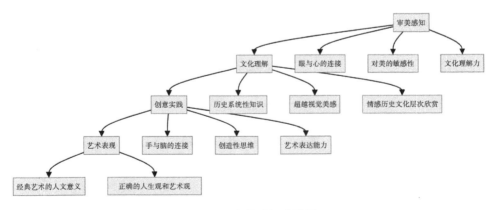

图5-2 审美感知路线图

（三）华南师范大学岭南舞蹈美育特色课程

1.任务驱动教学

这部分强调通过创设真实环境和确定与学习主体密切相关的真实任务来引导学生。

（1）创设真实环境：在教学中创造一个接近现实生活的环境，以增强学习的实用性和相关性。

（2）确定真实任务：设定与学生紧密相关的实际任务，以提高学习的针对性和效果。

（3）提供丰富的交互机会：通过任务执行过程中的交流、对话和合作，促进学生之间的互动和知识共享。

2.教学任务

这部分关注教学任务的设计和实施。

（1）任务的统一性：确保教学任务对所有学生具有普遍性和适用性。

（2）任务的个性化：同时考虑到每个学生的个体差异，使任务既具有挑战性又能够适应个别学生的能力。

（3）真实情境中的挑战性：任务应具有一定的难度，激发学生的参与意识和主动学习的积极性。

3.任务价值

这部分强调教学任务的深层价值。

（1）认知和能力目标：任务不仅要达到知识和技能的学习目标，还要促进学生认知能力的提升。

（2）任务的价值化：使任务具有更深层次的价值，如道德、情感和思维方式的培养。

（3）全人教育目的：通过任务实现对学生身心全面发展，包括身体、心智、情感和心力的统一培养。

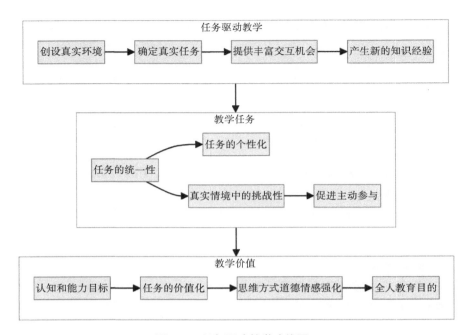

图5-3　任务驱动教学路线图

三、显著成效

（一）东南大学雕版印刷特色美育课程

　　雕版印刷课程如同梧桐文化节中的一颗璀璨明珠，在地方高校美育特色课程的舞台上展现出引人注目的成效。首先，这门课程的魅力在于其传承非物质文化遗产的使命。学生们仿佛穿越时光，亲身体验着雕版印刷这项古老技艺的独特魅力。通过雕版印刷，他们深深感知到这项技艺背后蕴含的历史渊源和文化价值，不仅使雕版印刷技艺在学生心中焕发出新的生机，也为非物质文化遗产的传承与保护贡献了一份独特的力量。

　　其次，雕版印刷课程巧妙融入校园文化，勾勒出一幅富有传统气息的文化画卷。在梧桐大道上，学生沐浴在传统艺术的光辉中，亲手参与传统艺术活动，使得校园文化焕发出鲜明的亮点。这不仅让梧桐文化节成为校园中一道别具特色的风景线，也让传统与现代、艺术与科技在这个空间里巧妙交融，形成了一场校园文化的盛宴。

　　此外，雕版印刷课程促进了跨学科交流，将多元学科的合作模式融入教学中。党委宣传部、艺术学院和新生办共同携手，为学生提供了全面多元的学科体验。这不仅使学科之间的知识边界得以打破，也为学校内部的跨领域交流搭建了平台，推动了多元学科的融合发展。

最为引人注目的是，雕版印刷课程成功激发了学生对传统文化的浓厚兴趣，培养了他们的艺术鉴赏能力和动手实践能力。这不仅为地方高校的美育注入了新的活力，更在教育层面产生了深远的影响。通过吸引学生和外校同学积极参与，梧桐文化节成为一场引人入胜的文化盛宴，充分展现了校园丰富的文化内涵和学生的创造力。

总体而言，雕版印刷课程不仅为学校文化生活增色添彩，更为学生提供了全方位的发展空间，为地方高校美育工作的进一步推进奠定了坚实基础。这门富有文采的美育特色课程，不仅是一次传统艺术的复兴，更是一次文化盛宴的绽放。

（二）潍坊医学院在线美育特色课程

潍坊医学院在线美育特色课程"走进非遗——山东民间艺术"彰显了显著的成效。这门通识课不仅系统介绍了山东非物质文化遗产中的14个特色鲜明的民间美术项目，而且倾注了大量心血，邀请23位非遗传承人亲自参与录制，历时一年半完成，展现了对传统文化的深厚尊重。该课程荣获山东省一流本科课程称号，更是肯定了其专业性和独特性。

该课程摆脱了传统学科课程的烦琐背诵和复杂推理，以生动有趣的方式呈现民间美术作品。通过这门课程，学生得以轻松而愉悦地领略那些在日常生活中或许略显陌生，但却承载着深厚文化内涵的艺术之美。通过学习这些民间美术作品，学生不仅增进了对传统文化的理解，还培养了对艺术的独立鉴赏能力。

最重要的是，这门课程不仅仅是传授知识，更是一扇通往非遗文化的窗口。它激发了学生对民间美术独特魅力的深刻感受，引发了学生对优秀传统文化传承与弘扬的热情。通过这扇窗口，学生得以亲身体验并参与到非遗的传承之中，为保护和传承中华传统艺术贡献自己的一份力量。这一美育课程的显著成效不仅在于知识传递，更在于激发了学生对文化遗产的热爱，为他们打开了通往传统艺术世界的大门，使学生在这个丰富多彩的文化殿堂中找到了自己的定位。

（三）华南师范大学岭南舞蹈美育特色课程

华南师范大学特色美育课程"以舞育人，向美而行"显著的成效体现在多个方面，从学生的学术表现到对传统文化的深刻理解，都取得了令人瞩目的成果。

首先，从学术层面上，课程通过理论与实践的有机结合，为学生提供了系统而全面的舞蹈教育。学生在课程中学到了岭南传统舞蹈的精髓，通过实际演练和创作，将理论知识融入实际操作中。这种全方位的学习方式激发了学生的学术兴趣，提高了他们在舞蹈领域的专业素养。

其次，课程在文化传承方面取得了显著的成效。通过强调文化生态的构建，课程不仅传授了舞蹈技艺，更让学生深刻领悟舞蹈在社会和文化传承中的作用。学生在实地调研和创作中，积极借鉴本土文化元素，将传统融入现代，为岭南传统舞蹈注入了新的活力。这种文化传承的方式不仅保留了传统，更为其赋予了当代价值。

此外，课程在培养学生审美情感和创造力方面也取得了显著成效。通过强调美育，课程不仅关注技艺的精湛，更注重培养学生的审美能力。学生在课程中学会欣赏和理解舞蹈的美，同时通过创作表达自己的审美观点。这种培养方式使学生在舞蹈领域具备了更为独特和深刻的艺术眼光。

第三节　成功案例中的经验总结与启示

一、东南大学雕版印刷特色美育课程的经验总结与启示

成功案例中，来自江苏省非物质文化遗产雕版印刷技艺传承人的参与为活动增色不少。这提示其他组织在策划活动时，可以考虑与专业传承人、行业专家等进行跨界合作，以确保活动的专业性和学习深度。

（一）注重文化传承

活动聚焦于非物质文化遗产——雕版印刷技艺，使得学生能够亲身体验和了解传统文化。其他组织在举办类似活动时，也可以注重传承中华优秀传统文化，让学生在娱乐中感受到传统文化的魅力。

（二）沉浸式体验的设计

通过雕版印刷的实践，学生能够亲手制作校歌歌谱等作品，从而更深刻地理解传统技艺的价值。这提醒其他组织在设计活动时，考虑如何让参与者沉浸于实践之中，以提高活动的吸引力和参与度。

（三）多元化的文化活动

活动不仅包括雕版印刷课程，还有走秀、歌曲、舞蹈等多元化的文化活动。这样的设计使得活动更加丰富多彩，吸引了更多学生的参与。其他组织在规划文化活动时，可以考虑融入不同形式的文艺表达，以满足不同兴趣和爱好的学生需求。

（四）关注学生体验

通过学生的实际体验，可以看到活动中雕版印刷的技巧性和艺术性，这使得学生更好地理解和欣赏传统艺术。其他组织在策划类似活动时，可以重视参与者的体验，让活动更贴近学生的兴趣和需求。

（五）整合传统文化与现代校园

活动成功地将传统艺术形式与现代校园文化框结合，例如将雕版印刷与校歌制作相结合。这样的整合既传承了传统文化，又使得活动更符合当代大学生的审美和兴趣。其他组织在规划活动时，可以思考如何在传统文化与现代元素之间找到平衡点，使活动更具吸引力。

（六）有效宣传和协同合作

活动由党委宣传部、艺术学院和新生办联合举办，各部门协同合作，有效保障了活动的顺利进行。其他组织在筹备活动时，应注重宣传工作和各部门之间的协同配合，确保整个活动的有序进行。

（七）以校园为背景，强化校园文化

活动将美育课程融入校园文化，强调了梧桐大道、校歌等与学校特色相关的元素。其他组织在设计活动时，可以考虑以校园为背景，强化学校的文化底蕴，提升学生对学校的归属感和认同感。

二、潍坊医学院在线美育特色课程的经验总结与启示

（一）专业性和独特性

课程因其专业性和独特性而受到认可，但这也带来了一个挑战，即课程难以在其他地区或学校推广。这一经验教训提醒我们，在设计课程时需要权衡专业性和通用性，确保课程能够适应更广泛的受众，提高推广的可能性。

（二）非遗传承人参与

邀请非遗传承人是一个重要的步骤，但调整时间表以适应传承人的日程可能带来挑战。教训包括在与专业人士合作时更加仔细地规划和协调，以确保合作高效进行。

（三）深入体验

通过邀请非遗传承人亲自参与，课程为学生提供了深入体验非物质文化遗产的机会。这为其他课程提供了灵感，鼓励创造更具实践性和深入性的学习经验，以增强学生的参与感和学习深度。

（四）通识课设计

作为通识课程，该课程成功摆脱了传统学科课程的烦琐背诵和复杂推理，采用生动有趣的方式呈现民间美术作品。这种设计理念为其他通识课提供了启示，鼓励创新，使学习更加吸引人和易于理解。

（五）实际参与

课程愿景强调通过实际参与非遗传承，成为学生走进非遗的一扇窗户。这为其他类似课程提供了一个宝贵的范例，激发学生主动学习的兴趣，提高他们对传统文化的亲身体验能力。

（六）多层次授课目标

该课程设定了多层次的教学目标，包括学习非遗项目、培养审美能力、弘扬传统文化等。这一灵感可为其他课程的目标设定提供参考，确保学生能够获得全面的知识和技能，更全面地发展自己。

三、华南师范大学岭南舞蹈美育特色课程的经验总结与启示

（一）文化融合的平衡

在强调传统文化与舞蹈融合时，我们深刻认识到文化融合可能引发不同文化元素之间的碰撞。这是因为每种文化都有其独特的表达方式和内涵，因此在设计课程时，我们意识到需要精心策划，以促使不同文化元素更好地融洽共存。例如，在传统岭南舞蹈中融入现代舞蹈元素，确保两者在舞台上和谐呼应，既传承了传统，又融入了现代审美。

（二）理论与实践的结合

尽管理论与实践的结合是成功的关键，但我们认识到过分强调理论或实践都可能对学生的全面发展产生负面影响。在教学设计中，我们更加注重理论与实践的有机结合，通过案例分析、实地实践等方式，使学生在掌握理论知识的基础上能够灵活应用。这种平衡性的教学方法有助于培养学生的批判性思维和实际操作能力。

（三）教育理念对话的处理

注重以舞蹈为媒介进行人才培养的教育理念与传统理念之间的对话需要谨慎处理。我们发现需要认真倾听各方声音，避免过多的理念分歧，同时寻找更好的整合方式。通过与其他教育者的沟通和协商，我们努力将教育理念融合，以实现更全面的人才培养目标。

（四）文化传承的深度

课程强调文化生态的构建，注重舞蹈在社会和文化传承中的作用。我们的理念值得借鉴，尤其是在弘扬传统文化的同时，让学生深刻理解文化在当代社会中的生命力。通过深度挖掘传统文化内涵，学生能够更好地理解文化传承的重要性，并在实践中积累经验。

（五）美育的全面培养

通过技艺和美育的双重强调，课程促使学生思考技艺与审美的平衡。这种全面培养的方式值得其他美育领域借鉴，使学生在专业技能和审美素养上都能取得更全面的发展。培养学生技艺的同时注重审美的培养，使其

在舞蹈领域更具综合素养。

（六）本土文化的关注

课程着重表达本土文化，注重舞蹈的本土性。这对于地方高校美育体系来说是一个有益的启示，激发学生对本土文化的热爱和关注，推动本土文化在高校教育中的深入发展。通过强化本土文化元素，课程使学生更深入地了解和传承地方文化。

（七）学生个性的尊重

强调将学生特点发挥到极致，鼓励学生展现个性。这种尊重学生个体差异的理念对于培养学生的自信心和创造力至关重要，可在其他课程中推广应用。通过关注学生的个性特长，我们促使他们更好地发掘自身潜力，提升自信心。

第六章
地方高校美育特色课程的评价机制研究

第一节　地方高校美育特色课程的评价内容与方法

在美育课程中，评价的内容不仅要遵循美育的特点，同时还需要考虑学生的共性和个性。美育并非简单的知识或技能的传递，而是涉及"一个哲学或精神层面的教化和升华"，其核心目标在于通过培养人格的过程，提升学生对美的欣赏、认知体验和创造等多方面的综合能力。在评价过程中，要平衡标准化与个性化、客观化与主观化、过程性和终结性。评价不应仅仅关注学生是否掌握了具体的技艺或知识，更需要关注学生是否能够运用这些技艺和知识来表达个体独特的审美观点。通过美育的学习评价，学生应当在审美能力和人文素养方面取得全面的发展。这种全面的发展包括但不限于艺术技能的提升，更强调个体在审美表达上的独特性和深度。评价的过程应当促使学生形成独立的审美判断和深刻的情感表达，进而在审美活动中实现人的全面发展。因此，美育的学习评价应当成为一个有机的整体，以促使学生在审美领域中更全面、更深层次的成长。

一、评价内容

（一）价值性

2020年，中共中央办公厅、国务院办公厅印发了《关于全面加强和改进新时代学校美育工作的意见》。在该文件的工作原则中明确提出："全面深化学校美育综合改革，坚持德智体美劳五育并举，加强各学科有机融合，整合美育资源，补齐发展短板，强化实践体验，完善评价机制，全员全过程全方位育人。"在科学定位课程目标时强调："职业教育强化艺术实践，培养具有审美修养的高素质技术技能人才，引导学生完善人格修养，增强文化创新意识。高等教育阶段强化学生文化主体意识，培养具有崇高审美追求、高尚人格修养的高素质人才。"而在完善课程设置方面强调："职业教育将艺术课程与专业课程有机结合，强化实践，开设体现职业教育特点的拓展性艺术课程。高等教育阶段开设以审美和人文素养培养为核心、以创新能力培育为重点、以中华优秀传统文化传承发展和艺术经典教育为主要内容的公共艺术课程。"

因此，科学合理的美育课程评价是促进美育课程定位、确保美育价值导向的关键。一方面，明确美育课程评价目标的指向。必须坚持基于审美能力和审美趣味提升人文素养，新时代美育课程评价旨在育人并促进人的全面发展。另一方面，确定美育课程评价功能定位，以美育引领其他各育，将"美"渗透到教育教学中，以"美"育"全人"，促进个体身心协调发展。充分发挥美育的社会化价值，彰显美育课程的整体育人功能。

（二）层次性

审美素养是审美主体对美的事物（包括自然美、社会美、艺术美和科技美）进行感知、理解、体验、评价和创造的基本品质与能力的综合。从认知力、体验力、表现力和创造力四个层次进行评价，可形象地呈现为金字塔结构。最底层是对和谐美的感知、理解和领会；中间层是对美的和谐规律的掌握，并能通过能力迁移解决新问题；最高层是通过美的性质规律融合认知理解，创造崭新和谐之美，它是个体是最高层次的审美素质。最底层和中间层是素质养成的量变过程，最高层实现量变到质变的过程，即审美素质的实现。

在高校美育课程评价中，可以将其分为三个层次：

1.对美和美育知识的学习认知情况

这一层次主要关注学生对美和美育的感知力和理解力，即学生是否能够准确地认知美育知识，理解美的本质和价值。这是美育课程中最基础的层次，类似金字塔的底层，是审美素养的起点。

在这个阶段，学生需要建立对美的基本认知，包括对自然美、社会美、艺术美和科技美的初步了解。他们应该能够识别和感知美的存在，理解美育知识的基本概念，并形成对美的初步认知。这一过程类似于金字塔的底层，为后续的学习和素养的养成提供了牢固的基础。教育者在这个阶段的任务是激发学生对美的兴趣，引导他们逐渐建构起对美育的整体认知框架。

2.运用美和美育知识形成美感

这一层次侧重于学生是否能够运用所学的美和美育知识，形成对美的感知和赏析能力，具备审美情趣，即学生在实际情境中是否能够运用所学知识，展现出对美的深刻理解和欣赏能力。这一层次相当于金字塔的中间层，是素质养成的过程。

在这个层次上，学生需要将对美的认知转化为实际应用能力。他们应该能够运用美育知识，形成自己的美感，具备赏析能力和审美情趣。这包括对各类美的感知、欣赏和解读，以及在不同情境下运用审美理念的能力。这一过程如同金字塔的中间层，是素质养成的关键过程。教育者在这个阶段的任务是引导学生深入挖掘美的内涵，培养他们独立欣赏美的能力。

3.审美创新创造能力和人文素养的评价

这一层次是评价学生是否具备审美创新创造能力和人文素养，即学生是否能够通过对美的理解和感悟，创造出新的美的表达形式，展现出独特的审美观点和创造力。这一层次类似金字塔的塔尖，是审美素质的最终实现。

在这一层次，学生已经超越了单纯的感知和欣赏，能够在自己的创作中表达对美的独特理解。他们具备审美创新和创造的能力，能够通过对美的深层次思考和感悟，创造出具有个性化、独特性的美的表达形式。这一过程类似于金字塔的最顶层，是审美素质的最终实现和升华。教育者在这个阶段的任务是激发学生的创造潜能，引导他们深入思考美的本质，培养出具备审美创新能力和人文素养的高层次个体。

对于公共艺术类美育课程，在评价内容分值上，认知美、欣赏美和体验美可以作为主要占分比例，而创造美可以作为加分项或者小分值比例来体现。例如，可以鼓励一部分具有创造实践能力的学生参加创新创业能力比赛、乡村振兴项目大赛等，这些竞赛对学生能力和要求都较高，因此，可以作为评价分值中的加分项，起到激励和促进学生个性发展的作用。这样的评价体系更能全面反映学生在美育课程中的综合素养和创新能力。

（三）维度性

提升学生审美和人文素养是一项需要持久且系统的教育工程，因此，需要在学校层面进行全面的设计和规划，同时在个体学生的日常培养中进行多方位、多角度的探索、研究和实践。为此，制定多维度的评价内容和体系是至关重要的，可以从高校美育工作的条件、过程和效果三个方面进行全面评价。

1.条件

评价条件的维度主要包括机构部门、经费统筹、基础设施、人文环境等方面。只有通过上述方面的协同发力、共同参与、统筹构建，高校美育工作才能够顺利开展。在这个层面，我们需要审视学校是否拥有健全的机构设置，是否合理统筹了美育所需的经费，基础设施是否满足美育教学的需求，以及学校的人文环境是否有助于培养学生的审美和人文素养。

2.过程

评价过程的维度主要从课堂教学、日常管理、资源平台建设、学科美学渗透、校园人文环境建设等方面展开。在具体工作实施中，关键在于以问题为导向，通过多种渠道听取师生对美育课程教学和各方面工作的具体建议和意见。这形成了一个参与性强、行之有效的美育评价反馈机制，帮助学校找准美育实际工作中的不足，并有目的地进行调整和优化。通过科学有效的美育评价反馈机制，可以促进美育工作制度的有效保障，协调资源配置，提升管理效率。

3.效果

效果是美育评价内容的重中之重。评价对象是学生，评价内容要兼具学生价值观、情感化、人格塑造、心理健康等方面。制定多维度的综合化评价内容，从人员、环境、资源、服务等方面实现教师教学和管理人员服务的双向积极性的调动。这旨在激发学生学习动力，提升其审美趣味，最终实现学生审美能力和人文素养的双向提升。这个过程需要深度挖掘学生在审美和人文素养方面的发展情况，形成对学生个体发展的全面评价，以确保美育工作能够实现根本目标。

二、评价方法

美育评价方法根据评价对象、功能、范畴、人群级次和方法等多个维度进行划分，从而形成多元化的评价体系。这包括相对评价、绝对评价、个体差异性评价、诊断性评价、形成性评价、总结性评价等。

（一）相对评价、绝对评价和个体差异性评价

相对评价主要关注学生在同一群体中的相对表现；绝对评价则注重对学生独立的、个体的表现进行评价；而个体差异性评价更关注学生在审美和人文素养方面的个性差异，将个体的发展视为一个独特而复杂的过程。

（二）诊断性评价

诊断性评价，又称为教学性评价，贯穿整个教学远程的各个阶段。在教学准备阶段，它用于综合预测学生的知识、技能和素养水平，为教学设计提供依据；在教学过程中，通过实时的学生反馈，教师可以根据学生个体差异和课堂变化，主动调整教学方案，从而优化教学效果；在教学总结阶段，通过对教学反馈的整合和分析，教师能够了解学生的学习状况，有针对性地进行调整，确保下一轮教学更加有效。

（三）形成性评价

形成性评价强调在教学过程中，通过多种途径和方式，及时了解学生的学习状态，以指导和促进学生的学习。总结性评价则在一个学习周期结束后进行，对学生整体的学习成果进行综合评价。这两者共同构成了对学生学习过程的全面把握，有助于制订更有针对性的教学计划。

形成性评价，也被称为过程性评价和动态评价，是一种在教学过程中为了解学生的学习情况、及时发现教学中的问题而进行的评价方法。通常采用非正式考试或单元测验的形式进行，以便在学习过程中获取即时反馈，为教学调整提供有力支持。在美育课程中，形成性评价是一种基于师生互动的理想型的评价效果。

形成性评价的主要特点包括：

1.及时了解学生学习进程

形成性评价能够通过非正式考试、小测验等形式，随时随地了解学生在学习中的掌握情况。这为教师提供了学生学习状态的及时反馈，使教师更好地把握教学方向。

2.教学计划和方法的随时调整

通过形成性评价，教师可以在教学过程中根据学生的实际情况，灵活地调整教学计划和教学方法，以更好地满足学生的学习需求。

3.持续性观察、记录和反思

形成性评价是教师对学生学习的全过程进行持续性观察、记录和反思。这有助于教师更全面地了解学生的学习路径，发现问题并及时解决问题。

4.学生目的性调控学习过程

学生通过形成性评价可以清晰了解自己的学习状态，能够有目的地调控学习过程，增强学习的获得感和激励性。这有助于培养学生的自主学习能力。

5.跟踪检测每个环节和细节

形成性评价最大的优势在于能够对教学中的每一个环节和细节进行跟踪检测。这使得教师能够更全面、更精准地了解学生的学习状态，及时调整教学策略。

在美育课程中，形成性评价的应用需要结合美育的特点，包括审美主体的情感化、个体差异性等。通过科学而灵活的形成性评价方法，教师能够更好地引导学生培养审美能力，加深对美的理解，从而更好地实现美育目标。形成性评价在美育教学中是被广泛欢迎和使用的评价方式，其科学性和实效性为师生提供了强有力的支持。

(四) 总结性评价

总结性评价，又称为终结性评价或事后评价，是在教学活动结束后，为了了解教学活动的最终效果而进行的评价。通常包括学期末或学年末的各科考试、考核等，目的是检验学生的学业是否达到各科教学目标的要求。

下面要介绍两种总结性评价方式：

1.过程性体验式评价

这是一种将形成性评价优化后的评价方式。在美育中，审美体验贯穿于艺术创作过程，因此，过程性体验式评价是渗透在审美体验和审美活动中的审美人文素养测评。这种评价方式注重个体的主观体验，通过参与、体验，深化对艺术作品的认知，实现对审美的转化性创造，提升其精神气质和人格修养。评价者需要具备较高的人文素养，对审美领域的知识和技能融会贯通。过程性体验式评价对于培养学生的审美能力和人文素养具有独特的优势。

2.个体内差异评价法

这是一种以被评价对象自身某一时期的发展水平为标准，判断其在某个过程中的发展状况的评价方法。通过对被评价者现有水平和过去水平的对比，可以判断个体在某一领域的发展状况，也可进行跨领域和基于身心因素的比较。该评价方法最大的优点在于充分尊重个体的水平差异，明确个体的优势和短板，从而实现因材施教。这有助于减少总结性评价可能带来的焦虑感和压力感，使个体更加愉悦和自由地学习。

在美育特色课程中，这些创新的评价方式不仅有助于更全面地了解学生在审美和人文素养方面的表现，也能够更灵活地引导学生的学习，激发他们的兴趣和动力，进而更好地实现美育的目标。

总之，美育是具有持续性的庞大教育体系，涉及方方面面，要建立立体化评价方式，使教育的主客体以及相关人员机构都积极参与到评价中，挖掘学生潜能，促进其自由、全面发展。

第二节　地方高校美育特色课程赋予社区的文化活力

美育是党的教育方针的重要组成部分，作为高校立德树人的重要手段，是新时代培养德智体美劳全面发展的社会主义建设者和接班人的重要着力点。2019年初，教育部针对新时代高校美育的发展及改革，在《教育部关于切实加强新时代高等学校美育工作的意见》中进一步强调："落实立德树人根本任务，引领学生树立正确的审美观念、陶冶高尚的道德情操、塑造美好心灵，切实改变高校美育的薄弱现状，遵循美育特点，弘扬中华美育精神，以美育人、以美化人、以美培元，培养德智体美劳全面发展的社会主义建设者和接班人。"这份文件是党和国家直接针对美育工作作出指示的重要文件，对美育的功能、作用有了更充分的阐述，对美育的根本任务有了更明确的界定。"十四五"规划实施以来，高等教育进入高质量发展新阶段，逐步形成了立德树人"五育"融合的育人新格局。美育作为"五育"之一中必不可少的重要环节，在促进学生德智体美劳全面发展、培养学生各种能力、落实立德树人、实现培根铸魂方面发挥着重要的作用，在高等教育高质量发展中扮演着越来越重要的角色。以美育人、以文化人，推动美育树人，弘扬中华美育精神，是当今高校美育工作的重点任务，也是难点课题。

近年来，高校美育工作虽取得了较大成效，但总体上仍处于教育体系中的薄弱环节，人文艺术专业技能人才的缺失与人文艺术专业技能人才培养过程中过度重视专业技能而轻视美育能力培养等是其重要原因。从现实工作来看，存在简单地将美育归结为一些基础艺术教育，导致重过程轻素养、重比赛轻普及的现象，难以适应新形势的发展要求，尤其在将学习教育成果转化为服务社会方面，现有案例成果较少，关注度不高，已有的做法则专业性太强，存在片面化倾向，实践案例需满足可借鉴、可复制、可推广的需求。

服务国家、服务社会、服务人民是高校的核心职责和历史使命，更是建设世界一流大学的必由之路。高校美育服务社会，主要是研究培养什么人、怎样培养人、为谁培养人的问题。在全民美育的时代背景下，高校应从现实出发，发挥专业优势，凸显教育的服务功能，发挥示范引领作用，普及全民美育，推动社会文化建设。以社会需求为载体，满足人民美好生活需要的同时，加快自身发展，构建终身教育体系，深化高校社会服务职能的内在需求，形成学校、家庭、社会与美育良性互动，深入基层开展文艺实践活动，根据学科特长和地域优势打造独具特色的美育课程，促使艺术成果更好地服务于人民群众，为建设美好生活贡献专业力量。

一、工作思路

（一）提高政治站位

习近平总书记在强调"做好美育工作"的同时，明确提出了关键的指导原则。首先，他强调要坚持"立德树人"，即通过美育工作培养学生的思想道德品质，使其在美的熏陶中形成积极向上的人生观和价值观。其次，要"扎根时代生活"，即紧密结合当代社会文化，使美育更具现实意义，能够满足学生对美的现实需求。同时，要遵循美育特点，在实践中尊重艺术、审美的独特性，使之更好地服务于学生的全面发展。习近平总书记强调

"弘扬中华美育精神",进一步强调美育工作需融入中华优秀传统文化的精髓,以传承和弘扬中华文化为己任。这不仅有助于培养学生的文化自信,也有利于形成具有国际影响力的文化软实力。总书记强调"让祖国青年一代身心都健康成长",凸显了美育工作的最终目标,即通过美育促使青年一代全面健康成长,不仅在身体上强健,更在心灵上丰富。其目的在于准确把握美育的时代内涵,使之与时俱进;筑牢思想政治工作生命线,通过美育潜移默化地传递正确的思想观念;自觉增强"四个意识"、坚定"四个自信"、做到"两个维护",以确保美育工作始终符合党的要求,不偏离正确方向。

从战略高度和政治视野出发,习近平总书记要求高校真正肩负起以美育人、以美化人、以美培元的神圣使命。这不仅仅是培养一代优秀人才,更是在文化传承和创新上发挥积极作用。将习近平新时代中国特色社会主义思想作为美育理论宣讲工作的"重中之重",意味着将社会主义核心价值观融入美育,使之成为引领学生价值观念的重要途径。这一要求为高校提供了明确的努力方向,要求在美育实践中创新手段,不断提升美育工作的质量和水平。

(二)优化多级队伍

高校开展系列充满朝气的美育活动,迫切需要构建一支充满活力、结构合理、具备深厚专业技能的高素质师生队伍。在实现这一目标的过程中,特别强调发挥青年群体的力量,践行"把讲台让给学生、把话筒交给学生"的工作要求。这意味着要聚焦打造学院青年教师指导带队、学生党员队伍带头的团队体系,构建社团和班级多面参与的多级宣讲矩阵。在这一多级宣讲矩阵中,通过有效整合宣讲资源,不断优化宣讲队伍,力求形成一个高效协同的工作机制。特别是要精心打造"党务思政队伍讲党课、学生骨干讲文化、参与学生讲故事"的宣讲矩阵,使之成为美育工作的重要组成部分。这样的组合可以更好地发挥不同群体的特长,使美育工作更具深度和广度。

美育对大学生社会主义核心价值观的确立起到了至关重要的作用。为了实现这一目标,有必要通过一系列面向社会、服务社会的活动,如宣讲、展演、朗诵等,来培育大学生的民族认同感和自豪感,塑造他们正确的历史观和艺术观。通过这些活动，不仅能够提升学生的审美素养，还可以深化他们对社会主义核心价值观的理解，推动他们在实践中形成积极向上的人生观和价值观。

因此，高校在开展美育活动时，需要不断强化队伍建设，使之成为一支高效、专业、具备创新能力的团队。通过多级宣讲矩阵的构建和宣讲矩阵的精心打造，可以更好地激发师生的创造力，推动美育工作在高校内取得更为显著的成果。

二、具体做法

（一）地方高校美育课程融合本土文化实践探索

首先，地方高校在美育特色课程设计方面需要紧密结合当地文化，这一点的实际操作体现在对本地特色的深刻理解和有针对性的课程计划的制订上。为实现这一目标，学校可以设立专门的课程规划小组，由文化专家和教育工作者组成，负责深入挖掘当地的文化底蕴，了解其历史、传统艺术和手工艺特色。通过与当地社区、文化团体的合作，搜集相关资料，进行专题研究，确保对本地文化特色的全面理解。关注"通读""博闻""诗画""乐"等文化主题是确保课程内容贴切当地文化的重要方面。在课程设计中，学校可以精心选择有代表性的地方传统艺术形式，如绘画、音乐、戏曲等，将其作为课程的核心内容。通过深入研究这些文化主题，学生可以更好地理解当地传统文化的内涵，从而在学习中培养对地方文化的深厚感情。

实践性的教学活动是确保学生对本土文化有更深刻体验和理解的关键。为此，学校可以组织实地考察，引导学生走进当地的艺术馆、手工艺品店、传统工坊等，亲身感受当地文化的传承与发展。此外，通过组织传统手工艺制作活动，如传统绘画、剪纸、陶艺等，学生不仅可以了解传统手工艺的制作过程，还能亲自参与其中，深化对传统手工艺的理解与体验。

通过这些具体实践，地方高校能够更好地将美育特色课程融入当地文化，使学生在学习中不仅能够获取知识，更能够深刻感受和传承本土文化的独特魅力。

（二）社区历史文化传承与教育深度融合

历史文化进社区。为更好地满足市民对史学经典和传统习俗的浓厚兴趣，学校与社区紧密合作，深入推动"我们的节日"主题活动，以及多元化的群众性文化活动。

在"我们的节日"主题活动中，学校与社区合力组织庆祝春节、元宵、清明、端午、七夕、中秋、重阳等传统节庆活动。这包括丰富多彩的庆祝仪式、传统文艺表演、手工艺制作等项目，通过实践活动让市民和学生亲身感受和参与传统节庆的文化魅力。特别是在教学设计中，以节庆文化为切入点，将相关的历史、传统习俗、经典故事融入课程内容，使学生在学习中深刻领略传统节日的独特魅力。

此外，注重挖掘当地传统节日的文化内涵，不仅有助于加深市民对传统文化的认知，也能通过群众性文化活动的开展促进社区居民之间的文化交流。在课程中融入这些传统节日的文化美、意蕴美和精神美，有助于形成更加系统和深入的学习体验。这一教学设计的目的在于使传统节庆的文化价值在当代得到传承，激发市民对中华传统文化的浓厚兴趣，实现传统与现代的文化对话。

因此，通过深入开展"我们的节日"主题活动和群众性文化活动，以及有意识地将传统节日文化融入教学设计，旨在使市民在欢庆传统节庆的同时，促使他们更深层次地认识、理解和传承中华优秀传统文化。这一综合性的举措将传统文化融入社区生活，为市民提供了更为深刻和全面的文化体验。

（三）地方高校文化资源融入社区

在将文化资源融入社区的具体操作层面，地方高校可通过开设多种形式的艺术工作坊和音乐课堂，主动将学校丰富的文化资源引入社区。首先，建立合作方案是关键一环，学校需要与社区协商、沟通，充分了解社区的需求和特点，以确保引入的文化资源更加贴近社区生活，具有实际的社区参与意义。在实施过程中，学校可以开设艺术工作坊，邀请专业艺术家或学校的艺术专业教师，为社区居民提供艺术创作的机会。这包括绘画、雕塑、手工艺等多种形式，使社区居民能够在轻松愉快的环境中发挥创造力，同时深入了解艺术创作的魅力。

同时，通过开设音乐课堂，学校可以邀请音乐专业教师或学生在社区内进行音乐教学和表演活动。这不仅为社区居民提供了学习音乐的机会，也为学生展示才华和积累教学经验提供了平台。通过音乐的传播，促进社区居民在音乐文化方面的丰富体验，同时增进学校和社区之间的文化交流。

为确保这些活动顺利实施，学校还应该积极与社区居民建立良好的互动机制，通过定期的座谈会、问卷调查等方式，不断收集社区的反馈意见，以便及时调整和改进文化资源的引入方式。这种双向的沟通有助于更好地满足社区的文化需求，使文化资源在社区中得到更广泛的传递和共享。

综上所述，通过开设艺术工作坊、音乐课堂等形式，地方高校可以主动将学校的文化资源融入社区，建立起学校与社区之间良好的合作关系。通过与社区合作，学校的文化资源不仅能够更贴近社区生活，也能够有效地传递和共享，从而推动社区文化的发展，实现双方互惠共赢。

（四）多元化文化活动点亮社区生活

在社区文化活动组织方面，学校应该以积极的态度与社区合作，共同策划并组织各类富有创意和内涵的文化活动。这一合作的目标是通过艺术展览、文化讲座、戏剧演出等多元的文化活动，为社区居民提供更为广泛且深入的文化体验。为确保活动的顺利实施，学校需详细制订活动方案，并鼓励社区居民积极参与。

学校可以通过与社区文化机构、艺术团体的合作，举办艺术展览。这不仅能够为社区居民提供观赏艺术作品的机会，同时也为本地艺术家提供了展示才华的平台。学校可以精心挑选主题，确保展览涵盖多个艺术门类，以满足不同层次观众的需求；详细制订展览计划，包括展品选取、展示布局等，以保证艺术展览的高质量和多样性。通过组织文化讲座，学校可以邀请专业人士、学者或艺术家为社区居民提供关于文学、艺术、历史等领域的知识分享。这样的讲座不仅能够拓展社区居民的知识面，还能促进文化交流与对话。在制订讲座方案时，学校需结合社区居民的兴趣和需求，确保内容有深度、有趣，并能够引发居民的积极参与和思考。戏剧演出是丰富社区文化生活的重要方式。学校可以与社区剧团或戏剧团队合作，共同策划戏剧演出活动。这既可以是传统戏曲演出，也可以是现代话剧、舞台剧等形式。详细的演出方案包括剧本选择、演员选角、舞台设计等，要确保演出既具有艺术性，又能够贴近社区居民的生活与情感，引起他们的共鸣。

最后，为鼓励社区居民积极参与，学校应当制订详细的活动方案，包括宣传推广、志愿者招募等；通过社区广播、社交媒体、海报等多种途径进行宣传，提高居民对文化活动的关注度；同时，建立社区志愿者团队，协助组织和实施各项活动，激发社区居民的参与热情，确保文化活动的成功实施。

综合而言，在社区文化活动组织方面，学校的积极合作、精心策划以及详细制订的活动方案都是关键因素。通过这些努力，学校能够为社区居民提供更具丰富内涵的文化体验，促进文化交流与传承，使社区文化活动成为共建共享的社区精神的一部分。

（五）建立学校与社区美育合作互动反馈机制

为了建立学校与社区美育合作的互动与反馈机制，学校与社区需紧密联系，采取一系列措施以促进双方更加密切的合作关系，确保美育特色课程与社区活动更贴近社区需求，实现文化传承与社区融合的双赢。学校与社区可以设立定期的座谈会。这些座谈会可以邀请社区居民、文化工作者、教育专家等参与，通过面对面交流方式收集社区居民对美育特色课程和文化活动的意见和建议。这种座谈会旨在建立一种开放的沟通氛围，促进学校与社区之间的直接对话，了解社区居民的需求和期望。学校可以通过社区调查、问卷调查等方式主动收集反馈意见。设计精准的调查问卷，覆盖美育特色课程的内容、社区活动的形式、时间安排等多个方面，以获取更具体、量化的社区居民意见。通过问卷调查，学校能够更全面地了解社区居民的期望和反馈，为调整美育课程和活动提供有力依据。

此外，建立社区反馈平台也是一种有效的途径。学校可以借助互联网技术，建设一个在线平台，供社区居民随时提交意见和建议。这样的平台可以为社区居民提供更加便捷的参与方式，促使更多人参与到美育特色课程和文化活动的反馈过程中。

通过以上互动与反馈机制的实际操作，学校可以更及时、更全面地了解社区的需求，调整和改进美育特色课程和文化活动的方向。这不仅有助于满足社区居民的文化需求，还能够提高社区居民对学校的满意度，建立起学校与社区更为密切的合作关系，实现文化传承与社区融合的目标。通过这种双向的沟通和合作，地方高校可以更好地服务社区，为社区居民提供更为优质的美育资源，促进文化传承和共同发展。

第三节　地方高校美育特色课程赋予社会创造力

一、社会美的形态

（一）劳动之美

马克思的"劳动创造美"理念深刻体现了劳动和审美之间的紧密关系，将美贯穿于社会生产和生活的各个层面。这一观念包括物质美和精神美两个方面，在社会生产的过程中，劳动是实现这一美的根本力量。人类通过劳动获得基本的物质保障。劳动不仅仅是为了满足生存需求，更是创造更多生存必需品和社会财富的过程。这种劳动创造的物质美通过实际的产品或成果展现，是社会发展的基础。在追求美和产生美的过程中，人们按照"美的规律"进行审美创造。这不仅在外部形式上体现为物质美，而且体现为通过审美经验获得的精神层面的美。

劳动和审美形成一种相互作用的因果关系，贯穿生产和生活的方方面面。劳动不仅是满足物质需求的手段，更是创造和体验美的途径。原始彩陶中的抽象几何纹饰是对农业生产所依赖的自然秩序的精神规范的具体表达。这种规范性、秩序性和韵律节奏性的"规则"正是劳动与自然协同的产物，展现了劳动通过审美创造，与自然界斗争的胜利。这样的创造最终实现了农业社会的稳定生存和社会的安居乐业。在古代诗歌中，对劳动的歌颂充分体现了劳动与美的紧密联系。如李绅的"谁知盘中餐，粒粒皆辛苦"、孟浩然的"开轩面场圃，把酒话桑麻"、白居易的"田家少闲月，五月人倍忙。夜来南风起，小麦覆陇黄"，以及陶渊明的"种豆南山下，草盛豆苗稀。晨兴理荒秽，带月荷锄归"等，表达了对辛勤劳动的赞美和劳动带来的愉悦感。这些诗歌通过歌颂劳动，体现了劳动是一切幸福的源泉。

因此，马克思的"劳动创造美"不仅强调了物质美的实现，更着重于劳动与审美之间深厚的因果关系。这一理念将美融入了社会的方方面面，为社会的持续进步和个体的全面发展提供了有力的动力。劳动不仅是生产的手段，更是创造和体验美的根本途径，将美融入了每个人的日常生活和社会活动之中。

（二）民俗之美

民俗文化是一个地区广大民众的集体文化特质，它是内潜性和非物质性的内化于心的精神印迹，体现一个民族、地区中的民众所创造、共享并传承的风俗生活习惯。这种文化具有集体性、传承性和地方性等特点。其中，《诗经》中的《国风》就是一个典型的例子，主要描写地方民间风俗，以民间歌谣的形式呈现，保留了当地劳动人民的口头创作，展现浓厚的区域民歌特色，反映了不同地域人民的独特性格。

民俗文化不仅仅是一种社会意识形态，更是一种具有悠久历史的非物质文化遗产。在中国这个拥有五十六个民族的多元国家，每个民族都孕育着独特的文化，而中国传统民俗文化则是各民族数千年来文化的综合体，也是中国文化自信的源泉。这一文化涵盖了各种人文景观，包括文学、艺术、音乐、电影、宗教等领域。

民俗之美还体现在代代相传的民间美好习俗中。在漫长的中华文明史上，民间形成了许多美好的风俗习惯，这些风俗习惯成为不同民族、不同地域之间沟通交流的桥梁。例如，春节、元宵节、国庆节、中秋节等喜庆的节日，象征着美满团圆和人们对美好生活憧憬与祝福之情。而清明节、中元节等祭祀民俗节日，则在庆祝生活的同时表达了对逝者的怀念，体现了尊重传统、尊崇祖先的文化精神。同时，国家设立每年 9 月 30 日为烈士纪念日的举措，也彰显了国家对英勇烈士的崇敬，弘扬了爱国主义精神，这对实现中华民族伟大复兴的中国梦起到积极的推动作用。

在民俗文化中，还体现了各种优秀的社会道德观念。例如，"严于律己、宽以待人"和"老吾老以及人之老、幼吾幼以及人之幼"等观念，都表现了整个社会崇尚仁义、尊重长辈、关爱幼辈的良好风气。这些价值观念在民俗传承中得以延续，为社会构建和谐的人际关系提供了重要支持。

二、地方高校美育特色课程赋予的创造力

（一）美育是创造力的温床

美育，作为以美为媒介的教育形式，其重要性在于它超越了传统学科界限，深入触及人的情感、想象与直觉，成为培养个体全面发展的重要组成部分。地方高校在这一领域扮演着至关重要的角色，通过开设一系列美育特色课程，为学生提供了广阔的创造空间和实践平台。

甘肃农业大学在美育的道路上，以特色课程为桥梁，连接传统文化与现代审美，激发了学生的创造力与爱国情怀。该校通过插花艺术与花艺设计工作坊、摄影艺术与鉴赏美育实践项目、马家窑文化现代陶艺工坊三大美育特色课程，为学生提供了丰富的艺术体验和实践平台。

1.插花艺术与花艺设计工作坊

结合甘肃农业大学的农业特色与当代大学生的审美需求，该工作坊通过举办全校性活动，引导学生学习插花艺术，掌握花卉选择、颜色搭配、构图布局等技能。学生在实践中不仅创作出富有创意的花艺作品，更在作品中融入了对中华优秀传统文化的热爱与传承之情。同时，工作坊将美育与思政教育相结合，通过花艺创作激发学生的爱国情感与民族自豪感。

2.摄影艺术与鉴赏美育实践项目

该项目通过理论教学与摄影实践，让学生深入了解摄影史及理论，掌握摄影美学原则与技巧；通过举办摄影大赛与美学讲座，引导学生关注校园生活，激发创作热情。学生的摄影作品不仅记录了校园的美丽风景与文化生活，还在校内外比赛中屡获佳绩。此外，该项目还促进了学生对校园文化的深入认同，增强了他们的归属感和自豪感。

3.马家窑文化现代陶艺工坊

该项目融合绘画、剪纸、舞蹈等多种美育元素，让学生感受甘肃文物之美与古代劳动人民的创造之美；通过理论学习、参观研学、实地操作等多种形式，学生不仅掌握了陶艺制作技能，更在作品中表达了对马家窑文化的热爱与传承之情。同时，陶艺工坊还通过文艺活动丰富了学生的艺术体验，激发了他们对历史文化遗产的强烈兴趣与文化自信。

总之，美育特色课程在地方高校中扮演着至关重要的角色，它们不仅

为学生提供了丰富的艺术体验和实践机会，更重要的是，它们通过激发学生的情感、想象和直觉，培养了学生的创造力和创新精神。

（二）特色课程是激发潜能的钥匙

地方高校美育特色课程的独特之处，核心在于其"特色"二字。这种特色并非简单的标签或噱头，而是深深植根于地域文化、民族风情以及学校自身的历史积淀之中，通过精心设计的教学内容，展现出既具时代感又富含文化底蕴的独特魅力。

地方高校美育特色课程往往紧密结合地域文化。例如，地处江南水乡的高校，可以充分利用这一得天独厚的地理位置优势，开设水乡画、民乐演奏等特色课程。这些课程不仅让学生在学习中深入了解和感受水乡特有的柔美与灵韵，更通过创作实践，将这份独特的文化韵味融入作品之中，从而实现文化的传承与创新。

民族风情也是地方高校美育特色课程的重要组成部分。在少数民族聚居区的高校，可以引入民族舞蹈、传统手工艺等富有民族特色的课程。这些课程不仅让学生有机会亲身体验和学习本民族的优秀传统文化，更在创作过程中激发他们的创新灵感，使他们将传统与现代相结合，创作出既具有民族特色又符合时代潮流的艺术作品。

学校自身的历史积淀也是设计美育特色课程的重要资源。地方高校可以充分挖掘和利用学校的历史文化资源，如校史馆、校友作品等，将这些元素融入美育课程，让学生在了解学校历史的同时，感受到文化的厚重与魅力。这样的课程设计不仅增强了学生的归属感和荣誉感，更在无形中激发了他们的创作热情和文化自信。

通过这样的课程设计，地方高校美育特色课程不仅激发了学生的文化认同感，更在无形中挖掘并激活了他们潜在的创造力。学生在熟悉与新奇之间找到了创作的灵感源泉，将所学知识与个人情感相结合，创作出具有独特魅力的艺术作品。这些作品不仅展示了学生的艺术才华和创造力，更成了传承和弘扬优秀文化的重要载体。

综上所述，地方高校美育特色课程的魅力在于其独特的"特色"二字。这种特色不仅体现在课程内容的丰富性和多样性上，更体现在其深厚的文化底蕴和时代感上。通过这样的课程设计，地方高校美育特色课程不仅为学生提供了广阔的创作空间和实践机会，更在传承与创新中推动了文化的繁荣发展。

（三）创造力的多维度绽放

美育特色课程在培养创造力方面，展现出了多维度、全方位的积极影响。这种影响不仅局限于艺术领域，而且能够跨界融合，促进科学、技术、人文等多领域的创新发展，为学生未来的全面发展奠定坚实基础。

美育特色课程能够激发学生的艺术创造力。在艺术领域，学生通过参与绘画、雕塑、音乐、舞蹈等多样化的艺术活动，不仅培养了审美能力和艺术表现力，更在创作过程中锻炼了创新思维和解决问题的能力。他们学会如何将灵感转化为作品，如何将个人情感融入艺术表达，从而创造出具有独特魅力的艺术作品。

美育特色课程能够促进科学创造力的提升。在科学和技术领域，美育特色课程通过设计思维、创新实验等方式，引导学生将艺术的美感与科学的严谨相结合，创造出既实用又美观的产品或解决方案。例如，通过参与设计思维课程，学生学会了如何运用同理心、定义问题、构思解决方案等设计思维方法，将艺术元素融入产品设计之中，使产品不仅具备实用功能，还具备审美价值和文化内涵。

此外，美育特色课程还能够加强人文创造力的培养。在文学、影视等人文领域，学生通过运用音乐、绘画等艺术元素，使作品更加生动立体、情感丰富。他们学会如何运用多种艺术形式来丰富作品的表现力，如何运用艺术语言来传达情感和思想，从而创作出具有深刻内涵和广泛影响力的作品。

更重要的是，美育特色课程所培养的跨界创造力，正是现代社会最为稀缺且宝贵的资源之一。随着科技的飞速发展和社会的不断进步，单一领域的创造力已经难以满足复杂多变的市场需求，而美育特色课程所培养的跨界创造力，则能够让学生在不同领域之间自由穿梭，将不同领域的知识和技能相融合，创造出具有创新性和竞争力的产品或解决方案。

综上所述，美育特色课程在培养创造力方面展现出了多维度、全方位的积极影响。它不仅能够激发学生的艺术创造力，还能够促进科学创造力和人文创造力的提升。更重要的是，它所培养的跨界创造力为学生未来的全面发展和社会进步奠定了坚实的基础。

结　语

《地方高校美育特色课程建设研究》一书，通过对地方高校美育特色课程的深入剖析与全面研究，揭示了美育特色课程在培养学生创造力、提升审美素养、传承与创新文化等方面的重要作用。本书从多个维度出发，详细阐述了美育特色课程的设计理念、实施策略、教学效果以及存在的问题与挑战，为地方高校美育的改革与发展提供了有力的理论支撑和实践指导。

一、总结

在总结部分，本书强调了以下几点：

（一）美育特色课程的独特价值

美育特色课程在地方高校中具有不可估量的价值，它不仅为学生提供了丰富多彩的校园生活体验，更重要的是，这些课程在无形中提升了学生的创造力、想象力和批判性思维能力。这些能力是个人全面发展的核心要素，也是现代社会对人才的基本要求。通过美育特色课程，学生能够在艺术创作和欣赏中锻炼创新思维，提升解决问题的能力。同时，对美的追求和鉴赏促使他们培养了敏锐的观察力和独到的见解，这些都将为他们在未来的学习和职业生涯中奠定坚实的基础。

（二）跨界融合的创新实践

本书通过具体案例揭示了美育特色课程在跨界融合方面的创新实践。美育特色课程打破了学科界限，将艺术、科学、人文等领域的知识和技能有机融合，创造出既具有创新性又具有实用性的教学成果。这种教学模式不仅激发了学生的学习兴趣，也促进了学生对不同学科知识的综合运用和深入理解。通过艺术元素与科学课程的结合、传统文化与现代科技的融合，美育特色课程为学生提供了广阔的学习视野和丰富的实践机会，为地方高校美育的改革和发展提供了新的思路和方法。

（三）文化传承与创新的双重使命

美育特色课程在地方高校中肩负着文化传承与创新的双重使命。一方面，这些课程致力于传承中华优秀传统文化，通过开设书法、国画、民族音乐等特色课程，让学生深入了解和掌握传统文化的精髓和技艺，培养他们的文化认同感和民族自豪感。另一方面，美育特色课程也鼓励学生进行创作和创新，将个人思考和创意融入作品中，实现传统文化的现代转化和创新发展。这种平衡传承与创新的教学模式，不仅促进了学生对传统文化的理解和尊重，也激发了他们的创新意识和实践能力，为传统文化的传承与发展注入了新的活力。

（四）面临的挑战与应对策略

地方高校美育特色课程建设过程中面临着诸多挑战，包括师资力量不足、教学资源匮乏以及评价体系不完善等问题。为了应对这些挑战，本书提出了相应的解决策略。在师资队伍建设方面，通过引进优秀人才、加强教师培训以及利用校内外资源等方式，提升教师的专业素养和教学能力；在教学资源配置方面，优化教学设施建设和资源整合利用，为学生提供更好的学习环境和条件；在评价体系构建方面，采用多元化的评价方式和方法，将学生的创新能力、实践能力等纳入评价体系，以更全面地反映学生的学习成果和综合素质。通过这些措施的实施，地方高校美育特色课程建设将不断完善和发展，为学生的全面发展和社会进步贡献力量。

二、展望

展望未来，《地方高校美育特色课程建设研究》一书期望在以下几个方面取得更大的进展：

（一）深化美育改革

本书的研究成果旨在深化地方高校美育改革，通过优化课程设计、提升教学质量，以及借鉴国内外美育的成功经验，结合本校实际情况，创新美育教育模式，如开设具有地方特色的美育课程和加强美育与学科教学的融合，为培养更多具有创新精神和实践能力的高素质人才贡献力量。这一改革过程不仅关注提升学生的艺术修养和审美能力，还致力于打破学科壁垒，拓宽学生的知识视野和思维空间，为社会的全面进步和发展提供有力支持。

（二）促进跨学科交流与合作

本书期望美育特色课程能成为地方高校中跨学科交流与合作的桥梁，通过加强美育特色课程与其他学科的交叉融合，打破学科壁垒，拓宽学生的知识视野和思维空间。地方高校可以组织跨学科的教学团队，共同开发美育特色课程，将艺术、科学、人文等领域的知识和技能相融合，创造出具有创新性和实用性的教学成果；同时，加强美育特色课程与其他学科的教学交流和合作，如组织跨学科的教学研讨会、工作坊等活动，共同探索美育的新模式和新路径，培养学生的跨学科素养和综合能力。

（三）加强国际交流与合作

本书的研究成果期望能够加强地方高校与国际美育教育机构的交流与合作，推动地方高校美育的国际化进程。通过与国际美育教育机构建立合作关系，共同开展美育教育项目和研究活动，如邀请国际知名美育教育专家来校讲座或授课，组织学生参加国际美育教育交流活动，提升学生的国际竞争力和综合素质。这一过程不仅有助于借鉴国际美育的先进理念和经验，提升地方高校美育的水平和质量，还能推动全球美育事业的繁荣发展。

（四）持续关注美育的未来发展

本书期望成为地方高校美育教育研究的一个起点，使我们能持续关注美育的未来发展动态和趋势。通过加强对美育教育理论和实践的研究和探索，深入了解美育的本质和规律，探索美育的新模式和新方法，评估美育的效果和影响。同时，关注国内外美育的发展趋势和动态，及时了解和掌握最新的研究成果和实践经验，为美育的改革与发展提供持续的理论支持和实践指导。此外，加强美育的社会宣传和推广工作，提高社会对美育的认识和重视程度，推动美育在全社会范围内的普及和发展。

　　总之，《地方高校美育特色课程建设研究》一书旨在通过深入研究和全面总结地方高校美育特色课程的实践经验与成果，为地方高校美育的改革与发展提供有力的理论支撑和实践指导。

参考文献

[1]马娜,蒋明.新时代非遗传承视域下的高校美育教学模式研究[J].艺术教育,2024(03):57-60.

[2]张晨阳.基于审美教育的地方高校钢琴教学改革思考[J].戏剧之家,2024(05):193-195.

[3]丁晗.浅析地方高校特色美育文化发展与传承——以扬州为例[J].汉字文化,2024(02):215-217.

[4]杨安升.基于分类学的地方高校美育课程体系建构策略[J].蚌埠学院学报,2023,12(06):89-93.

[5]孙刚,孙羽君.基于跨组织资源整合与高校美育发展的机制构建:理论逻辑与实施路径[J].艺术教育,2023(11):30-35.

[6]谷秋阳.地方民族高校"美育援教"路径探索与实践——以湖北民族大学为例[J].艺术教育,2023(11):271-274.

[7]于丽燕,张晨钰.黑龙江非遗融入地方高校美育的多维路径探赜[J].美术教育研究,2023(18):52-54.

[8]邱枫.地方高校美育建设路径研究——基于铸牢中华民族共同体意识背景[J].当代教研论丛,2023,9(09):31-35.

[9]周丹丹,邱冬梅,石懿斌.地方高校课程思政与美育实践融合发展与实施路径研究[J].大学,2023(26):149-152.

[10]梁文闻.中华优秀传统文化在高校美育中的价值与实现路径[J].济源职业技术学院学报,2023,22(03):22-26.

[11]胡雪菲.非遗视域下地方高校美育教学路径研究——以湖北文理学

院美术学院为例[J].对联,2023,29(16):23-25.

[12]楼庭兼.基于文化自信的高校美育调查研究——以湖州学院为例[J].文化创新比较研究,2023,7(22):136-140.

[13]张硕,何忠.乡村振兴背景下红色文化助力高校美育发展路径——以江西省赣州市于都县为例[J].艺术教育,2023(07):261-264.

[14]吴树燕,严小琴."声音景观"视域下高校美育优化探索[J].艺术大观,2023(19):121-123.

[15]夏艳青,张伟孝.地域性非遗文化融入高校美育的教学实践研究——以浙江广厦建设职业技术大学为例[J].高教学刊,2023,9(S1):81-84.

[16]孙嘉伟,邹石杨.地方高校美育实践的问题及对策[J].吉林工程技术师范学院学报,2023,39(05):76-79.

[17]刘丽丽.高校美育服务社会的意义及路径研究[J].呼伦贝尔学院学报,2022,30(06):33-37.

[18]张宗建.美育视野下的高校民间美术教育的问题与传承路径[J].山东艺术,2022(05):41-49.

[19]秦良泽,陈付伟.地方高校大学生美育教育现状与创新策略研究[J].公关世界,2022(16):124-126.

[20]王宇蒙,霍楷.美育背景下高校素质教育改革研究[J].创新创业理论研究与实践,2022,5(14):107-109.

[21]李甜,郭计.甘肃传统文化与地方高校美育共融构建下的文化传承与振兴[J].文化创新比较研究,2022,6(11):195-198.

[22]张岩.地方高校舞蹈教学及艺术创造力培养[J].中国果树,2022(02):118.

[23]于海明.高校钢琴与美育教学研究[M].北京:新华出版社,2021:203.

[24]陈锐.美育与艺术鉴赏[M].南京:南京大学出版社,2022:151.

[25]战红岩.中国现代美育实践的发生[D].长春:东北师范大学,2021.

[26]孙宁.以美育代宗教[D].保定:河北大学,2017.

[27]董翠翠.蔡元培的健全人格思想研究[D].长春:吉林大学,2023.